Elogios de *coaches* reales para *Como ser un coach exitoso*

"Hay muchos libros que hablan sobre la estructura de una sesión de *coaching*; sin embargo, si no tienes un proceso repetible para obtener y retener clientes, no habrá nadie a quien hacer *coaching*. *Cómo ser un coach exitoso* proporciona a sus lectores una hoja de ruta muy clara y concisa para el lanzamiento y crecimiento de un negocio de *coaching* individual y pautas de acción críticas y necesarias para escalar hacia una agencia de *coaching* con ingresos de siete cifras".

—DAVID PATTERSON
Coach de negocios desde 2012

"La mayoría de los libros y programas de *coaching* de negocios se enfocan en la mentalidad y en tener unas cuantas herramientas prácticas para ayudar a que tu negocio despegue. Cuando me estaba preparando para lanzar mi negocio de *coaching*, invertí cientos de dólares en libros y miles en programas que no se acercaban ni de lejos a las herramientas prácticas y el ímpetu que he encontrado en este libro. Si te planteas en serio comenzar un negocio de *coaching*, este es el libro imprescindible en tu estantería. Léelo, implementa los ocho pasos y observa cómo tu negocio remonta hasta las alturas".

—SETH WINTERHALTER
Coach de negocios desde 2022

"Suelo esperar ideas prácticas y consejos factibles en cualquier obra de Donald Miller. Este libro lleva eso a otro nivel. Es un bosquejo estratégico que habla sobre cómo terminar con la improvisación y la duda, así como un plan de acción aplicable para cualquiera que tenga un deseo profundo de ofrecer sesiones de *coaching* a otros, pero no tenga una idea real de cómo crear un negocio de *coaching*".

—ERIC FLETCHER
Coach de negocios desde 2017

"¡El plan de ocho pasos de Donald es estupendo! Cualquier *coach* novato podría tomar este libro y realizar estos pasos para lanzar y hacer crecer una práctica de *coaching* exitosa. En lo personal, me tomé muy en serio el Paso Siete: "Desarrolla o únete a una comunidad de *coaching*". No te saltes ese capítulo ni minimices la importancia de formar una comunidad a la que puedas acudir en busca de apoyo e inspiración".

—SUSAN TRUMPLER
Coach de negocios desde 2013

"En una época en la que los dueños de pequeñas empresas enfrentan más desafíos y cambios drásticos en el mercado como nunca antes, este libro empodera a los *coaches* de negocios con un enfoque sencillo y a la vez estratégico para levantar su propio negocio y que a su vez puedan sostener los pequeños negocios que demandan su ayuda. Es claro y fácil de entender tanto para los experimentados como para los principiantes. Don Miller desgrana la posible complejidad de liderar a una generación y el crecimiento en pasos simples y términos claros, sin 'jerga empresarial'. Es un recurso maravilloso que me recomendó un profesional de los negocios en quien confío y al que respeto. Cualquier *coach* de negocios se beneficiará de la lectura de este libro, especialmente los que están al inicio de hacer crecer su negocio, y podrá ser mucho más eficaz al implementar el conocimiento y los pasos de acción que el libro proporciona".

—MARY CZARNECKI
Coach de negocios desde 2016

"A medida que crece la industria del *coaching* (vida, salud, negocios, etc.), la necesidad de un libro como este se vuelve incluso más necesaria. Como cualquier emprendedor que lanza un negocio, solamente ser bueno en lo que haces no significa que eso se traducirá en saber cómo levantar tu negocio de *coaching*. *Cómo ser un coach exitoso* ofrece pasos sencillos y prácticos que ayudarán a cualquier tipo de *coach* a eliminar con éxito las conjeturas en cuanto a cómo desarrollar su negocio de *coaching*".

—KENNY CAMP
Coach de negocios desde 2018

"Tras ayudar a cientos de personas a lanzar y hacer crecer un negocio, sé que tener un enfoque paso a paso para hacerlo crecer es una pieza clave de la historia de éxito de tu negocio. Don te ofrece ocho pasos clave que te permitirán llevar rápidamente tu negocio al siguiente nivel de una manera fácil de seguir e incluso más fácil de implementar. ¡Te sorprenderás de la velocidad y el impacto que tendrá sobre tu negocio! Implementa lo que Don dice, ¡y observa cómo tu negocio alza el vuelo!".

—JESSICA MILLER
Coach de negocios desde 2016

"El campo del *coaching* puede estar lleno de enfoques filosóficos y marcos poco claros en cuanto a cómo servir mejor a los clientes. *Cómo ser un coach exitoso* te da un enfoque paso a paso para crear un negocio que te ayude a dar ese salto y dejar de ser un asalariado. Aprenderás a poner en marcha sistemas de manera estratégica y práctica que generen clientes potenciales e ingresos que lanzarán, harán crecer y escalarán tu negocio como tú quieres. No será fácil, pero será directo si sigues la guía de Don. Y te puedo decir, tras varios años como *coach* certificado, ¡que este proceso funciona!".

—JASON DAILY
Coach de negocios desde 2011

DONALD MILLER

CONVIERTE TUS HABILIDADES, DESTREZAS Y MAESTRÍA EN UN NEGOCIO RENTABLE

CÓMO SER UN *COACH* EXITOSO
Convierte tus habilidades, destrezas y maestría en un negocio rentable

Traducción al español por:
Belmonte Traductores
www.belmontetraductores.com

Edición: Henry Tejada Portales

ISBN: 979-8-88769-291-3
eBook ISBN: 979-8-88769-292-0
Impreso en los Estados Unidos de América

Published by arrangement with HarperCollins Focus, LLC.

Whitaker House
1030 Hunt Valley Circle
New Kensington, PA 15068
www.espanolwh.com

Por favor, envíe sugerencias sobre este libro a: comentarios@whitakerhouse.com.

1 2 3 4 5 6 7 8 9 10 11 **W** 31 30 29 28 27 26 25 24

ÍNDICE

NOTA DEL AUTOR

Cómo ser un coach exitoso está escrito para cualquiera que haya tenido éxito en los negocios y quiera aprovechar su experiencia para iniciar o hacer crecer una carrera profesional de *coaching* rentable.

Los ejemplos de este libro están relacionados principalmente con *coaching* de negocios, pero los pasos para formar un negocio de *coaching* funcionarán para un *coach* de negocios, un *coach* de vida, un consejero de finanzas, un consultor de jardinería, un *coach* de familia, un agente de bienes raíces o cualquier otro campo de interés. Si quieres ofrecer servicios de *coaching*, pero no como negocio, simplemente aplica los pasos a tu campo de destreza y experiencia.

Tu experiencia y el conocimiento que has acumulado son más valiosos de lo que crees. Se pueden convertir en un negocio de *coaching*, pero solo si sigues los pasos que se muestran en este libro. Un brindis por tu éxito.

LOS OCHO PASOS QUE HARÁN CRECER TU NEGOCIO DE *COACHING*

¿Alguna vez has deseado ganar dinero reuniéndote con personas para cambiar sus vidas para siempre? ¿Has conseguido lo suficiente en tu carrera profesional y quieres compartir tu experiencia con otros?

Si ese es tu caso, lo que anhelas es una carrera profesional como *coach*.

De hecho, si estás leyendo este libro, probablemente ya seas un *coach* de negocios. Puede que todavía no tengas esa etiqueta, pero estás haciendo lo que hacen los *coaches*: ayudar a dueños de negocios a tener éxito en su vida y trabajo.

Los líderes de negocios necesitan buenos *coaches*. La calidad de vida de las personas y la fuerza de nuestras economías dependen de *coaches* que transmiten instrucciones y ánimo. De hecho, si el dueño de un negocio tuviera que escoger entre obtener una maestría en negocios de una prestigiosa universidad y contratar a un *coach*, yo le aconsejaría que contratara a un *coach*. Un *coach* tiene la capacidad de ayudar a sus clientes a ganar millones; y no solo eso, sino también a no volverse loco mientras lo hace. Es importante que tengas éxito como *coach*, porque es importante que tus clientes tengan éxito en sus carreras profesionales.

Ya que este libro está escrito como un manual, te resultará muy práctico. Cada paso te ofrecerá una acción que puedes realizar para crear o hacer crecer tu negocio de *coaching*. Muchos *coaches* ya lo han probado y les funcionó. Te prometo que tú también podrás crear un negocio de *coaching* rentable.

¿CÓMO PUEDES DESARROLLAR UN NEGOCIO DE COACHING RENTABLE?

Muchos *coaches* lanzan su negocio de *coaching* después de haber experimentado cierto éxito en una carrera profesional o un negocio propio, pero lo que ocurre es que después de lanzar su negocio de *coaching* se dan cuenta de que en su carrera anterior no desarrollaron el conjunto completo de habilidades que se requiere para tener todo lo necesario para desarrollar un negocio de *coaching* exitoso. Nunca tuvieron que crear una página web, gestionar una lista de posibles clientes, crear productos para esos clientes o vender y vender incrementalmente esos productos, cosas todas ellas necesarias para hacer crecer un negocio de *coaching*.

Este libro está pensado para ayudarte a cerrar esa brecha de conocimiento y levantar un negocio de *coaching* del que puedas estar orgulloso.

Ya sea que recién hayas comenzado en el *coaching* o que ya lleves años haciéndolo, los ocho pasos que siguen te ayudarán a desarrollar un negocio de *coaching* desde cero.

Entonces, ¿cuáles son esos ocho pasos? Los resumiré a continuación, pero continúa leyendo, porque comparto los verdaderos secretos en los capítulos siguientes.

PASO UNO

CREA UN MENÚ DE PRODUCTOS QUE PUEDAS VENDER A LOS CLIENTES

Antes de pensar en atraer clientes, detengámonos a pensar qué les vamos a vender. Para hacer crecer un negocio de *coaching* o cualquier negocio en realidad, necesitamos una lista de productos definida. Tus productos de *coaching* pueden abarcar desde una evaluación sencilla hasta talleres, grupos maestros (o "MasterMind")[1] e incluso retiros. Cada uno de tus productos debería ser fácil de entender, producir un gran valor y ofrecerlo a un buen precio. Diseñar productos que puedas ofrecer a un buen precio es la única manera de poder construir riqueza mientras estás plenamente presente con tus clientes. Cuando te lleve a través del primer paso, te mostraré varios tipos de productos de *coaching* que puedes crear y vender a tus clientes.

PASO DOS

CREA Y GESTIONA UNA LISTA DE POSIBLES CLIENTES

La mayoría de los *coaches* están rodeados de posibles clientes, pero no son conscientes de que las personas con las que se relacionan pagarían bien por sus servicios. Crear y gestionar una buena lista de posibles clientes y comunicarte con ellos de tal modo que te ganes su confianza es la manera más rápida de hacer crecer tu negocio de *coaching*. Cuando te guíe por el paso dos te presentaré un sistema sencillo y eficaz que puedes usar para organizar tu lista de clientes, ganarte su confianza y convertir los clientes potenciales en clientes que pagan.

---

1. Un grupo "MasterMind" es una reunión periódica de personas que, debido a que tienen objetivos similares, pueden compartir conocimientos y experiencia profesional para así ayudarse unos a otros a alcanzar sus metas individuales. (N.T.)

PASO TRES
CREA UNA BUENA PÁGINA WEB (DISCURSO DE VENTA)

El número de *coaches* que no crean o mantienen una página web eficaz es alarmante. Aunque no queramos o necesitemos anunciar formalmente nuestros servicios, tener una página web eficaz es necesario si queremos practicar lo que predicamos. Todo negocio necesita crear un discurso de presentación y un menú de servicios en forma de página de inicio. Tu sitio web puede ser un ejemplo de cómo comunicar de forma eficaz una oferta sólida a posibles clientes y, como tal, ofrecer un ejemplo a seguir para tus clientes. Para dar un buen ejemplo a tus clientes, tu información debe ser atractiva, clara y estar diseñada para cerrar ventas. Cuando te guíe por el paso tres te mostraré las partes clave de un discurso de venta eficaz en forma de una página web de *coaching*.

PASO CUATRO
APRENDE A REDACTAR CORREOS BUENÍSIMOS QUE CIERREN EL TRATO

La manera más efectiva de generar confianza en los posibles clientes es ofrecer valor a lo largo del tiempo. Y una manera demostrada de ofrecer valor a lo largo del tiempo (sin extenderte demasiado) es hacer un seguimiento a los posibles clientes usando un sistema de correo automatizado. Cuando llegas a los posibles clientes al menos con doce correos útiles que incluyen consejos, herramientas y estrategias que pueden usar para hacer crecer sus negocios, te ganas la confianza de esos clientes y aumentas las probabilidades de que adquieran uno o más de tus productos de *coaching*. Cuando lleguemos al paso cuatro te mostraré un abanico de correos eficaces que convertirán clientes potenciales en clientes que pagan.

PASO CINCO

TRAZA EL RECORRIDO DE TU CLIENTE CREANDO UNA ESCALERA DE MERCADOTECNIA Y PRODUCTO

Decidir trabajar con un *coach* exigirá pasos de bebé por parte de tus clientes. Tendrán que conocerte y confiar en ti para invertir y seguir invirtiendo aún más. Si creas una escalera de mercadotecnia, puedes ganarte lentamente su confianza; y si creas una escalera de producto, tendrás una manera para que quienes consigan resultados inviertan más y más en tus servicios. Cuando creas estas dos escaleras, siempre sabrás dónde está un cliente en su recorrido y te resultará más fácil ayudarlo a dar el paso siguiente.

PASO SEIS

ESTABLECE METAS REALISTAS Y ALCANZA ESAS METAS

Todos sabemos que para tener éxito tenemos que establecer metas y después alcanzarlas. Sin embargo, ¿qué metas debería perseguir un *coach* de negocios y qué tan ambiciosas deberían ser dichas metas? Ahora que tenemos productos que vender y una lista de clientes que pueden comprarlos, es el momento de establecer algunas metas realistas. Hacer una lista de metas en varias categorías específicas te motivará a desarrollar el negocio de *coaching* confiable de tus sueños. Cuando lleguemos a este paso seis compartiré contigo las categorías de fijación de metas necesarias, y te ayudaré a establecer un plan para alcanzar dichas metas.

PASO SIETE

DESARROLLA O ÚNETE A UNA COMUNIDAD DE COACHING *QUE TE AYUDE EN TU CRECIMIENTO Y EN EL DE TU NEGOCIO*

Si quieres ser un gran *coach*, rodéate de grandes *coaches*. No tiene sentido construir tu negocio de *coaching* de manera aislada. Hay mucha sabiduría en cuanto a desarrollar un negocio de *coaching* ahí afuera, así que lo único que tienes que hacer es unirte a una comunidad de *coaching* o comenzar una tú mismo. El paso siete tiene que ver con estar en comunidad con otros *coaches*. Si no tienes ese tipo de comunidad, te mostraré lo fácil que es formar una.

PASO OCHO
DOMINA LAS HABILIDADES SOCIALES DEL COACHING

El manual *Cómo ser un coach exitoso* no puede ayudar a una persona a desarrollar un negocio de *coaching* si no se le da bien el trato con las personas. Cuando las personas quieren recibir tus servicios de *coaching* no están confiando en tus manuales o marcos, sino en ti. Sin embargo, ¿qué tipo de habilidades sociales necesita tener un *coach* para generar confianza? Cuando lleguemos al paso ocho te ayudaré a desarrollar una lista personal de "reglas" por las cuales vivir, que te harán ser el tipo de *coach* con quien les encantará pasar tiempo a los clientes que pagan.

USA LAS MEJORES PRÁCTICAS PARA DESARROLLAR TU NEGOCIO DE *COACHING*

Al implementar los ochos pasos que acabo de enumerar arriba deberás ser capaz de desarrollar en menos de un año un negocio de *coaching* fuerte, de seis cifras, y después duplicar el tamaño de ese negocio en los dieciocho meses siguientes. Si quieres llevarlo todavía más lejos, he incluido al final de este libro un manual para llevar tu negocio de *coaching* a las siete cifras y más allá.

El mundo no necesita otro libro sobre la filosofía del *coaching*, esos libros tienen su lugar, pero no nos perdamos en lo macro. Quiero que seas capaz de dejar este libro, incluso después de una pequeña sesión de lectura, y crear algo que haga crecer tu negocio; y quiero que seas capaz de hacer eso una y otra y otra vez hasta que hayas transformado todo tu negocio de *coaching* en el tipo de máquina de transformación de vida que te permita tener tu trabajo soñado, trabajando con tus clientes soñados.

Para que este libro sea útil he incluido ejemplos específicos y esquemas que puedes usar de inmediato. Esos esquemas han sido probados por cientos de *coaches* con los que he trabajado a lo largo de los años y han demostrado ser muy eficaces.

A continuación encontrarás lo que he descubierto con el tiempo como las mejores prácticas en generación de clientes potenciales, mercadotecnia, trabajo en red, creación y entrega de productos que puedes usar de inmediato.

Comencemos con el paso uno.

PASO UNO

CREA UN MENÚ DE PRODUCTOS QUE PUEDAS VENDER A LOS CLIENTES

Si apenas estás comenzando como *coach*, probablemente te estarás preguntando dónde, cómo y cuándo llegarán tus primeros ingresos. Si no te estás haciendo esas preguntas, deberías hacértelas. No hay preocupación **más importante que debes tener cuando diriges un negocio que la forma en que ingresarás dinero en efectivo en el negocio, cómo harás que el dinero** *siga* entrando, y cómo vas a cambiar las vidas de las personas de modo constante y sostenible. A fin de cuentas, tu negocio de *coaching* no sobrevivirá a menos que estés generando ingresos rentables.

Para hacer crecer tu negocio de *coaching* necesitarás intercambiar valor por dinero, y tendrás que hacerlo a menudo.

La manera más rápida de producir dinero en efectivo es tener un menú de productos que puedas vender que ofrezcan un valor claro y se vendan a un precio fijado.

Mi amigo Brek pasó años como pastor, dando consejería gratuita y consejos a cualquiera que asistía a su iglesia. Cuando se jubiló, decidió sacarle provecho a su experiencia asesorando y desarrollando líderes espirituales en el mundo empresarial. Al hacer la transición, me dijo que estaba muy nervioso por cobrar dinero por algo que la gente había recibido gratis de él durante décadas. Sabiendo que crear un menú de productos era importante, organizó un taller de planificación de vida y cobró un precio fijo para hacer pasar por ese proceso a un equipo de liderazgo de un pequeño negocio. Después del taller, el dueño de la empresa preguntó si Brek podría reunirse individualmente con cada uno de sus líderes durante el resto del año. Brek entonces creó otro producto de *coaching* individual, le puso un precio y lo vendió al dueño del negocio. Ahora, Brek tiene un taller de planificación de vida junto con una serie de seguimiento individual que ayuda a sus clientes a lograr un balance entre la vida y el trabajo y conseguir sus metas personales y profesionales.

Lo que más me gustó de escuchar la historia de Brek no fue solo que su negocio de *coaching* estaba cambiando vidas, sino también que el propio Brek estaba siendo transformado. Como pastor, no había cobrado directamente por su increíble sabiduría, y eso le hizo creer que no tenía mucho valor, pero cuando descubrió que podía envolver su sabiduría, ponerle una etiqueta con un precio e intercambiar ese valor por dinero, comenzó a entender plenamente su propio valor como *coach* y mentor.

La razón por la que muchos negocios de *coaching* batallan es porque solamente ofrecen consejos en un formato de pago anticipado. ¿Por qué? Porque no han desglosado su destreza en productos fácilmente identificables que ofrecen un valor claro. Por 500 dólares puedes reunirte con un *coach* como este un par de veces por mes y hacer preguntas. Sin embargo, la verdad es que nunca sabes realmente lo que vas a recibir. Parece que estás pagando para tener un amigo.

El hecho de que este tipo de oferta de producto sencilla a veces funcione para hacer crecer un negocio de *coaching* es un milagro, o con mayor precisión, es una prueba de que los seres humanos están desesperados por cualquier tipo de consejo que puedan recibir.

Estoy seguro de que tu consejo es valioso y se intercambia cierto valor intangible cada vez que te reúnes con un cliente; sin embargo, si tu oferta fuera más clara, atraerías más clientes y esos clientes pagarían incluso más por el valor que ofreces. Y en el proceso tú mismo serías transformado en un experto que cree plenamente en sí mismo y en el valor que puedes ofrecer.

El problema con una oferta difusa como el *coaching* por pago anticipado es que es difícil para el cliente entender el valor que está recibiendo. Ofrecer "consejos de negocios" por pago anticipado es parecido a un restaurante que anuncia "alimentos para comer". Venderían muchos más alimentos si anunciaran algo más específico, como una hamburguesa de queso, pollo frito o la mejor pizza de la ciudad.

Ser específico en cuanto a lo que ofreces hará que tu negocio de *coaching* crezca más rápido que si presentas la oferta poco clara de "*coaching*".

UN MENÚ DE PRODUCTOS DE *COACHING* ES CRUCIAL

Crear un menú de productos es importante en cualquier tipo de *coaching*, no solo en el de negocios.

Mi amiga Nicole Burke comenzó un huerto en el patio de su propia casa. Aunque no tenía experiencia como horticultora, se obsesionó tanto con el huerto que comenzó a hablar con amigas sobre las muchas lechugas que su sencillo huerto estaba produciendo y, por supuesto, sus amigas tenían preguntas. La verdad es que Nicole nunca sintió que sabía mucho sobre horticultura. Sencillamente se le daba bien. Al margen de ello, comenzó a visitar las casas de sus amigas para darles consejos sobre dónde poner sus huertos, qué verduras plantar según la temporada, y cómo mantener sus huertos cuando comienzan a producir. Todo esto, de nuevo, lo hacía de forma gratuita. Fue así hasta que recibió una factura de la escuela de sus hijos. Nicole se dio cuenta de que iba a necesitar conseguir un empleo. En lugar de buscar un empleo, sin embargo, decidió seguir aconsejando a sus amigas y creó un producto: un pago de 25 dólares por una consultoría de una hora para ayudar a las personas a desarrollar un huerto personal.

Como te puedes imaginar, su consultoría se hizo muy popular, pero no era suficiente para cubrir los pagos de sus facturas. Se dio cuenta muy pronto de que tenía que cobrar más. Subió el precio a 100 dólares por hora y añadió jardineras elevadas que ella misma hacía con madera que compraba en Home Depot. Sus clientes lo querían todo. Añadió rejillas y arcos a su menú de productos, y sus clientes también los compraban.

Su negocio comenzó a crecer de verdad cuando, tras darse cuenta de que el negocio no podía vender más de lo que ella misma podía abarcar, comenzó a certificar a personas para que entrenaran a otros para crear huertos. En la actualidad, Nicole dirige un negocio de consultoría de huertos de siete cifras llamado Gardenary, y su meta es tener su propio programa de televisión. Ha escrito dos libros sobre cómo comenzar tu propio huerto, y está constantemente en los medios de comunicación. Comenzó en ello como un pasatiempo y ahora se ha transformado en una verdadera experta, *coach* y líder sólida en su terreno.

¿Cómo comenzó todo en el caso de Nicole? Comenzó con una pasión que se convirtió en un menú de productos. Después tuvo las agallas de cobrar por esos productos. Así es como comenzará también tu negocio de *coaching*.

Al desarrollar un negocio de *coaching* deberías tener un menú de productos del que puedan escoger los clientes. Cada producto del menú debería tener un valor tangible. Si creas este tipo de menú, los clientes se verán atraídos a tu *coaching*. ¿Por qué? Porque nadie quiere sacar su tarjeta de crédito y pagar por un pedazo de niebla, y si solo ofreces "consejos de *coaching*" por pago anticipado, estás pidiendo a la gente que compre un pedazo de niebla confusa.

Crear un menú de productos es un paso crucial e importante que puedes dar para hacer crecer tu negocio de *coaching*.

De hecho, saber qué productos vas a vender no es solo el primer paso para emprender o hacer crecer un negocio de *coaching*; es el primer paso para hacer crecer cualquier tipo de negocio. Nadie puede hacer crecer un negocio si no sabe lo que va a vender.

Tendrás mucho más éxito (y seguridad) si eres específico en cuanto a lo que ofreces y cómo aportará un beneficio a tu cliente cada artículo que ofreces. En otras palabras, si quieres tener éxito como *coach* de negocios, tienes que definir cada uno de tus servicios como un artículo específico, disponible a un precio específico.

¿QUÉ CLASE DE PRODUCTOS DE *COACHING* DEBERÍAS VENDER?

¿Cómo sería tu menú de productos? No lo pienses demasiado. Si estás comenzando un negocio de consultoría, agrupa un conjunto de horas que pasarás ayudando a tus clientes a resolver un problema concreto. Por ejemplo, si tienes experiencia en cadenas de suministro global, puedes crear un producto de consultoría llamado el "Análisis de transición de China" en el que ofreces cuarenta horas para analizar la actual cadena de suministro de tus clientes y darles un reporte sobre lo que podrían obtener de modo realista fuera de China. Un producto como este será mucho más atractivo que ofrecer una inversión de caja negra en la que ofreces "una mirada a su interior".

Estos son algunos ejemplos de productos que podrías ofrecer, por ejemplo, si estuvieras comenzando como *coach* para el pequeño negocio:

- **Programa de optimización de un pequeño negocio:** de seis meses a un año de *coaching* bimensual para renovar y ajustar el funcionamiento completo del pequeño negocio de tu cliente.
- **Renovación de gestión y operaciones:** seis meses de servicios como *fractional*[2] COO (Jefe de operaciones) que optimizarán la gestión y las operaciones de tus clientes.
- **Taller sobre cómo cerrar grandes ventas:** un día de entrenamiento de ventas para los equipos de ventas de tus clientes.
- **Programa de transformación para duplicar las ventas:** seis meses de *coaching* continuado de ventas con todo el equipo de ventas de tus clientes, ayudándolos a cerrar ventas más grandes y más rápido.
- **Auditoría de rentabilidad de productos:** consultoría de un día en la que te reúnes con clientes para evaluar sus productos de más a menos rentables, y después crear ideas para nuevos productos y cómo pueden entregar una oferta de productos más rentable.
- **Taller de alineamiento de liderazgo:** un taller de liderazgo de un día para ayudar a tus clientes a crear su declaración de misión y sus principios rectores.
- ***Coaching* semanal individual "Duplica tus ingresos":** un de *coaching* semanal de pago anticipado que lleva a los clientes por un temario exhaustivo diseñado para ayudarlos a duplicar sus ingresos actuales.
- **Grupo MasterMind de élite:** un grupo maestro de dueños de negocios que ofreces solo para tus clientes de nivel superior.

Hay muchas más ideas de productos, por supuesto, pero esta lista te dará una idea de los productos que usan muchos *coaches*

2. N. del E.: Un ejecutivo "*fractional*" suele ser contratado por compañías que no tienen necesidad de un ejecutivo a tiempo completo.

para aumentar tanto el valor que ofrecen como los ingresos que reciben.

De nuevo, cuando creas un menú de productos de donde escoger es más probable que los clientes hagan pedidos, porque les has facilitado que entiendan qué es lo que están recibiendo a cambio de su dinero.

Tras crear un menú de productos, vas a destacar. Tus ofertas de *coach* van a ser claras y, por lo tanto, se entenderán y serán atractivas para posibles clientes.

¿QUÉ ESTÁN DISPUESTOS A PAGAR LOS DUEÑOS DE NEGOCIOS?

Para decidir qué incluir en tu menú de productos, piensa primero en cosas por las que la gente está dispuesta a pagar. En lo relacionado con los negocios, las personas están dispuestas a invertir en algo que aporte un beneficio económico a su inversión. En otras palabras, están dispuestas a invertir dinero para conseguir a cambio más dinero.

Si estás haciendo *coaching* fuera del mundo de los negocios, la gente está dispuesta a pagar por ahorrar tiempo, por evitarse frustraciones, por conectar con otros, por avanzar en su carrera profesional, por dar un buen discurso, por saber cómo ayudar a su hijo recién nacido a dormir según un horario, por restaurar un automóvil viejo, por aprender un idioma, por gestionar todas esas aplicaciones de parejas y encontrar el amor verdadero, por escribir su primer libro, y cosas semejantes. En una ocasión yo pagué a un amigo (que ni siquiera era *coach*, aunque debería serlo) para que me ayudara a crear un fondo de armario nuevo porque estaba comenzando a hacer más videos en las redes sociales.

Nuestro trabajo como *coach*, entonces, es crear productos que ofrezcan un valor tangible. Como *coach* de negocios podemos ofrecer algo más que solamente un valor económico. Podemos ofrecer paz mental, más ánimo entre los equipos de nuestros clientes, comunidad, más relaciones de confianza e incluso oportunidades de trabajo en red.

Identificar lo que es frustrante para nuestros clientes y después ayudarlos a resolver esas frustraciones es fundamental para nuestro éxito como *coach*.

Este es un ejercicio estupendo: agarra una hoja de papel y escribe todos los problemas que tiene tu cliente perfecto que tengan que ver con tu área de especialidad. ¿Qué le molesta? ¿Dónde está malgastando dinero? ¿De qué tiene miedo? ¿En qué cosas está inseguro? ¿Qué le está produciendo dolor físico? ¿Qué le está costando dolor emocional?

Ahora, en la otra cara de esa misma hoja de papel piensa en productos que puedes vender que resuelvan esos problemas concretos. Tal vez no encuentres un producto para cada punto de dolor, o quizá tengas un producto o dos que resuelven varios problemas, pero el objetivo del ejercicio es ayudarnos a entender que las personas gastan dinero para resolver problemas, y si hay personas que necesitan tu experiencia para resolver un problema concreto, tú tienes una oportunidad de producto.

En cuanto al *coaching* de negocios, ¿qué problemas encuentran los líderes de negocios que les puedas ayudar a resolver? ¿Sienten los dueños de pequeños negocios que a todo su equipo le falta enfoque, y que están perdiendo con ello miles de dólares en gastos de nóminas? Por lo tanto, tu producto de *fractional* COO alineará a su equipo en torno a objetivos económicos que impulsen los ingresos, las ganancias y el crecimiento, transformando la nómina de ser una pérdida a una inversión estratégica.

¿Está fallando el equipo de ventas a la hora de cerrar grandes ventas y los tiempos de espera son demasiado largos? En ese caso, tu entrenamiento de ventas de un día combinado con seis meses de *coaching* vigorizará al equipo de ventas y los equipará para cerrar ventas más grandes y más rápido. ¿El resultado? Los equipos de ventas de tus clientes podrían realmente duplicar sus ventas.

Cuando cada producto de *coaching* que creas se correlaciona con una oportunidad para que tu cliente resuelva un problema, habrá más probabilidades de que los clientes potenciales realicen una compra.

En lo que respecta al *coaching* de negocios, te interesa hacer ganar dinero a tu cliente. Los pequeños negocios consumen efectivo, y mucho efectivo. A menudo, incluso si un pequeño negocio está generando millones en ingresos, sus ganancias son escasas. Asegúrate, entonces, de que algunos o la mayoría de tus productos conecten directamente con el resultado final de tus clientes.

¿CÓMO PUEDES AYUDAR AL DUEÑO DE UN PEQUEÑO NEGOCIO A GANAR DINERO?

Si eres un *coach* de negocios, no dejes que te intimide la responsabilidad de ayudar a tu cliente a ganar dinero. Quizá todavía no eres capaz de actuar como un *fractional* COO y tal vez aún no puedes ser maestro en un taller de ventas, pero la verdad es que ya eres bueno en algo que ayudará a tus clientes a ganar dinero, y cualquier cosa en la que seas bueno puedes convertirlo en un producto.

Si eres excelente en mercadotecnia y comunicación, uno de tus productos podría ser una renovación de mercadotecnia de seis meses de duración. Si eres excelente en estrategia fiscal, podrías comenzar con un manual de estrategias fiscales.

¿En qué eres bueno? Si eres excelente estableciendo metas y como contador, inicia un grupo de trabajo colaborativo de seis meses de duración en el que cada miembro establezca sus objetivos y trabaje contigo para alcanzarlos en 180 días. Llama a ese pequeño grupo "Programa Acelerador de Metas" y cobra 5000 dólares por miembro. Luego, cuando la experiencia termine, ofrece llevar a todo el equipo de cada uno de tus clientes a través del proceso. Si te haces conocido como el *coach* que ayuda a las personas a alcanzar sus metas, en especial sus metas financieras, te prometo que estarás ocupado.

¿CÓMO PUEDES CONSEGUIR INGRESOS GARANTIZADOS DE MODO RÁPIDO SI ESTÁS COMENZANDO EN EL MUNDO DEL *COACHING*?

Si apenas estás comenzando en el mundo del *coaching*, te recomiendo crear un producto que sea tu buque insignia y promoverlo de modo casi exclusivo (mientras desarrollas el resto de los productos de tu menú) durante tu primer año. Sin embargo, al crear tu producto insignia recuerda dos cosas:

1. Ofrece un valor extremo a tus clientes.
2. No dejes que el producto monopolice todo tu tiempo. Tienes que reservar tiempo suficiente para planificar y ejecutar el crecimiento del resto de tu negocio de *coaching*.

Una gran idea que encaja en ambas características es lanzar un pequeño grupo insignia o principal.

La clave para un pequeño grupo principal exitoso es ofrecer un resultado específico dentro de un plazo preciso. Por ejemplo, puedes ofrecer el desafío de aumentar los ingresos en un 25 % en el transcurso de seis meses. Lograrás eso ayudando a cada persona a renovar su mercadotecnia, ventas y optimización de productos. Esas tres cosas, si se ejecutan bien, deberían ayudar a tus clientes a obtener más ingresos.

El beneficio de ofrecer un resultado específico a través de tu pequeño grupo insignia es que los clientes saben lo que van a obtener, y el grupo pequeño no se siente tanto como una inversión de caja negra en la que no se sabe realmente qué se obtendrá. Además, los beneficios de tener un plazo de tiempo establecido son que puedes comenzar un nuevo grupo cada seis meses, y cuando termine puedes invitar a los clientes a explorar el resto de tu menú de productos como un siguiente paso natural.

No solo eso, sino que al crear un grupo pequeño de bajo costo como tu producto insignia del primer año, puedes agrupar tu *coaching* para impactar a cinco, diez o incluso más clientes al mismo tiempo.

Si no eres un *coach* de negocios, también son posibles grupos pequeños que enseñen habilidades como el entrenamiento para ir al baño, la obediencia canina, habilidades para presentaciones magistrales, entre otras. De hecho, aunque yo me dedico a entrenar a *coaches*, uno de mis pasatiempos favoritos (y fuentes de ingresos) es un grupo maestro en el que enseño para ayudar a las personas a escribir su primer libro. Es muy divertido, y creo firmemente que el grupo obtiene más de la experiencia porque aprenden los unos de los otros y también de mí.

De nuevo, si estás comenzando como *coach*, organizar un grupo pequeño de seis meses te ayudará a tener un inicio rápido y lucrativo en tu negocio de *coaching* sin consumir el tiempo que también necesitarás para desarrollar tu lista de clientes potenciales y tu plan de mercadotecnia subsiguiente.

Si quisieras, podrías organizar un grupo pequeño antes de dejar tu trabajo actual, siempre y cuando tu situación actual laboral te lo permita. No hay nada como tener una vía de ingresos antes de dar el salto para aligerar la carga de comenzar.

USA TU PRODUCTO INSIGNIA PARA CREAR UN SOPORTE DE INGRESOS BÁSICOS PARA TU NEGOCIO DE *COACHING*

Si te preocupa cómo obtendrás dinero como *coach*, puedes comenzar haciendo una tormenta de ideas para el menú de productos que ofrecerás hoy. Al crear tu menú de productos tendrás un sentimiento de optimismo, porque comenzarás a entender el valor tangible de lo que puedes ofrecer. No solo eso, pues crear un menú de productos te permite también entender cuántas unidades necesitarás vender de cada producto para pagar tus facturas y construir riqueza. Después, puedes ejecutar un plan para vender esos productos y lograr la libertad con la que has estado soñando.

Por ejemplo, así es cómo podría actuar el dinero en tu favor como *coach* de negocios que quiere comenzar o hacer crecer su práctica de *coaching*:

Antes de dejar tu trabajo actual, abre las inscripciones para tu pequeño grupo insignia. Si puedes cobrar 5000 dólares por cliente y trabajar con diez clientes, habrás conseguido tus primeros 50 000 dólares. Conseguir que se apunten diez personas no es un reto fácil, pero más adelante en este capítulo te mostraré cómo hacerlo. Al margen de ello, un inicio de 50 000 dólares es un fundamento decente sobre el cual poder construir.

¿Cuánto tiempo tomará hacer funcionar este grupo pequeño? No tanto como piensas. Tu lista de tareas para organizar un grupo pequeño es bastante simple. Necesitarás crear un calendario básico para el grupo, incluyendo una fecha de inicio y de final, un temario que seguir que ayude a los miembros de tu grupo pequeño a conseguir el éxito, y una larga lista con todas las cosas que tienen que hacer tus clientes para ver resultados. La larga lista es clave porque te permitirá cubrir todo lo que haya en la lista, y si ellos no lo hacen, la lista revelará que no hicieron el trabajo y, por lo tanto, no deberían esperar un retorno por su inversión.

Tu primer grupo pequeño te tomará más tiempo; pero una vez que hayas creado el material, te sientas bien con el calendario y sepas en qué enfocarte para ayudar a tus clientes a conseguir los mejores resultados, lo único que tendrás que hacer es repetir el proceso cada seis meses.

Tal vez te preguntes cómo tus clientes pueden aprender tanto estando en un grupo pequeño en el que solo interactúas con ellos durante una hora cada semana. Recuerda esto: el valor de lo que aprenden no solo viene de ti. Los emprendedores y dueños de pequeños negocios no hablan entre ellos muy a menudo, así que, cuando lo hacen, aprenden mucho. Tu trabajo como *coach* consiste en facilitar una conversación, ayudar a aprender a tus clientes, enseñarles marcos que puedan usar para optimizar sus negocios, y que sean responsables para conseguir sus metas. Los propios miembros del grupo seguirán aportando más valor si cabe entre ellos, porque tú organizaste la comunidad y los juntaste.

De hecho, si ves que eres extrovertido y te encanta la gente, se puede crear todo un modelo de negocio que ofrezca exclusivamente una comunidad para ejecutivos de negocios. Mi amigo Bob Johnson ha creado una comunidad exclusivamente para ejecutivos que ha atraído a cientos de miembros y miles de asistentes. Bob organiza una comunidad en el internet, cenas regionales que incluyen oradores, un banquete de premios, un *podcast* y una serie de videos inspiradores bajo demanda. La comunidad de Bob se llama *Executive Council,* y ha escalado hasta conseguir ingresos de siete cifras.

El punto es que un pequeño grupo insignia es una manera fantástica de conseguir que tu negocio de *coaching* comience a funcionar, y una manera incluso mejor de crear unos ingresos fundamentales sobre los cuales construir. Además de todo esto, sirve como una comunidad de nivel básico y se puede invitar a los asistentes a avanzar más en tu menú de productos de *coaching.*

Si comenzar un pequeño grupo insignia te parece una buena idea, el siguiente reto será generar clientes potenciales para un posible grupo pequeño. Abordemos este reto ahora.

HISTORIA DE UN *COACH*

Cuando comencé mi negocio de *coaching,* batallaba para decirle a la gente cómo podía ayudarles a cerrar ventas. A menudo me sentía como los buitres de *El libro de la selva...*

Despeinao: Oye Oxigenao, **¿qué** vamos a hacer?

Oxigenao: Yo no sé. ¿Qué querés hacer?

Después, pasaba horas intentando crear una propuesta, y finalmente pulsaba el botón de "Enviar": estresado y desanimado.

Los clientes tienen un montón de cosas sobre sus hombros todo el día. Cuando aparecían buscando ayuda, yo debía tener un camino claro para ellos.

Tras organizar mi primera oferta, mi llamada única de pago (*Jake on demand*), realizar presentaciones gratuitas y concertar una llamada de pago donde respondía preguntas sobre su evaluación gratuita, pude llegar a más clientes ideales y permitirles "probar" mi *coaching.*

Entonces, de forma más frecuente comenzaron a aceptar una oferta. Al organizar estas ofertas en forma de rutas y tenerlas preparadas, simplemente podía presentar una ruta clara para un posible cliente y preguntar en cuánto tiempo le gustaría comenzar. Después puedo regresar a los mismos clientes ofreciéndoles algo más profundo o una oportunidad para el siguiente nivel de crecimiento.

—JAKE BROWN
Coach de negocios desde 2021

OFRECE UNA SOLA LLAMADA DE *COACHING* QUE OFREZCA VALOR, Y DESPUÉS INVITA A ESOS CLIENTES A UNIRSE A TU SIGUIENTE GRUPO PEQUEÑO

Pocos clientes te pagarán miles de dólares por tus servicios de *coaching* antes de haber experimentado el tipo de valor que ofreces; sin embargo, se inscribirán más clientes para tu pequeño grupo insignia y después para tu consultoría de pago anticipado si primero los involucras en una única llamada de *coaching* inicial que demuestre tu valor como *coach*.

Probablemente hayas oído hablar de los embudos de ventas; es decir, generadores de posibles clientes y correos electrónicos posteriores que convierten a los interesados en compradores, pero ¿alguna vez has pensado en un embudo de productos? Un embudo de productos consiste en productos de nivel básico que conducen a productos cada vez más valiosos a medida que el cliente experimenta tu oferta más ampliamente.

Recientemente me senté con un *coach* de pequeños negocios que gana más de 600 000 dólares al año a través de sus grupos pequeños, consultoría individual y talleres. La mayor parte de sus ingresos se genera a través de tarifas mensuales por un modelo híbrido de grupos maestros y *coaching* individual.

"¿Cómo echaste a andar todo eso?", le pregunté.

Me dijo que el secreto fue invitar a clientes a una llamada de consultoría gratuita de sesenta minutos, ofrecer un valor importante, y luego invitarlos a participar en *coaching* durante seis meses. A partir de ahí fue capaz de presentarles sus servicios de *fractional* COO, así como proveer *coaches* para el equipo de liderazgo de sus clientes.

Para la mayoría de los clientes, tu pequeño grupo insignia será una oferta de presentación más que suficiente. Sin embargo, si te cuesta vender tu pequeño grupo insignia, crea un producto incluso más fácil de aceptar y después invítalos a tu pequeño grupo. Este producto debería ser una interacción a bajo costo (o gratuita), de una sola vez, que ofrezca gran valor para los clientes.

El tipo de actividad puntual de la que estoy hablando debería tener tres características:

1. *Durar menos de noventa minutos.* La idea es dar a tu cliente una probada del valor que podría conseguir a la semana o bimensualmente si se une a tu grupo pequeño.
2. *Revelar y abordar los problemas que está experimentando en su negocio.* Para que el cliente entienda claramente por qué necesita un *coach.*
3. *Tener un nombre y un precio fijo.* Recomendamos cobrar entre 0 y 495 dólares por esa sesión inicial. No tienes que cobrar si no quieres, pero recuerda que las personas valoran aquello por lo que pagan, y devalúan lo que no les cuesta nada. Aunque tu llamada de introducción sea gratis, asegúrate de cobrar por el siguiente producto de *coaching* que adquieran.

EJEMPLOS DE PRODUCTOS PAGADOS QUE GENERAN POSIBLES CLIENTES QUE PODRÍAN FUNCIONAR PARA TI

El plan de contratación de una página: emplea noventa minutos con un cliente para ayudarlo a evaluar su actual organigrama organizativo, y diseñar un plan de crecimiento que defina cuáles deberían ser sus cinco siguientes contrataciones.

La renovación de la declaración de misión: emplea noventa minutos con un cliente ayudándolo a entender por qué su actual declaración de misión no sirve, y enséñale cómo crear una que alinee a un equipo y consiga los objetivos económicos.

El bosquejo para la presentación perfecta: emplea noventa minutos con un cliente mostrándole el bosquejo para una presentación perfecta. Puedes incluso ayudarlo a bosquejar su siguiente presentación para que pueda hacer la mejor presentación posible.

El manual de flujo de efectivo para pequeños negocios: emplea noventa minutos con un cliente mostrándole cómo gestionar el dinero para su pequeño negocio. Puedes introducir los conceptos de alto nivel sobre cómo asignarse un salario, apartar dinero para los impuestos, y retirar beneficios de la empresa para que esté protegida.

El protocolo para contratar a un empleado: emplea noventa minutos ayudando a tu cliente a entender cómo encontrar, entrevistar y reclutar a un nuevo miembro del equipo.

El protocolo para despedir a un empleado: emplea noventa minutos ayudando a tu cliente a entender la forma correcta de despedir a un empleado siguiendo los pasos de una lista y después ensayando con él o ella la conversación para despedirlo.

La fórmula para el precio del producto: emplea noventa minutos repasando con tus clientes una fórmula que les ayude a calcular cuánto cobrar por sus productos, y después ayúdalos a evaluar sus precios actuales para ver si están optimizados para la demanda y el beneficio.

La revisión de la mercadotecnia y la comunicación: emplea noventa minutos con un cliente evaluando la eficacia de su página web y su mercadotecnia, haciéndole repasar una lista de "elementos imprescindibles" en un plan de mercadotecnia de un pequeño negocio.

La herramienta de planificación de la "semana perfecta": emplea noventa minutos ayudando a tu cliente a planificar su semana perfectamente productiva, y después asesóralo sobre cómo estructurar su tiempo para duplicar esa semana lo más frecuentemente posible.

La lista de comprobación de impacto fiscal: emplea noventa minutos con un cliente revisando una lista de estrategias fiscales que cualquier pequeño negocio debería usar para disminuir su carga fiscal.

La evaluación global del negocio: emplea noventa minutos con un cliente revisando los resultados de una evaluación que revele las debilidades de su pequeño negocio.

***

La clave para estas sesiones cortas y únicas de introducción es que resuelvan un problema claro y urgente para el cliente. Como son sesiones únicas, el valor que ofreces es importante y el precio asequible. Es muy probable que tus clientes te pidan más sesiones de *coaching,* incluyendo inscribirse a tu pequeño grupo insignia. No solo eso, sino que la sesión en sí misma ayudará a construir confianza en ti como *coach* y aumentará las probabilidades de que tu cliente se anote para estar en tu grupo pequeño.

Asegúrate de enumerar cada uno de tus productos iniciales en tu página de inicio. Enumerar todas las sesiones iniciales que ofreces demuestra tu conocimiento exhaustivo de cómo hacer crecer un pequeño negocio. Si yo estuviera mirando tu página web y leyendo todos los problemas que me podrías resolver, tendría una confianza inmediata en que sabes de lo que hablas cuando se trata de hacer crecer un negocio.

Cada uno de los productos básicos debería estructurarse como una sesión "lista para usar" que puedas ofrecer, y que podría incluir una hoja que deben llenar a medida que avanza la sesión. Convertir tu llamada de *coaching* de noventa minutos en un proceso que incluya un producto final te permitirá dar la sesión una y otra vez sin tener que prepararla.

Si no eres un *coach* de negocios, puedes crear fácilmente una lista de productos iniciales que puedes ofrecer para que a los clientes les resulte más fácil entrar en una relación de *coaching* contigo. Si sacas una hoja de papel ahora mismo, apuesto a que podrías escribir tres productos básicos y, mañana, estar preparado para entregar esos productos. No lo pienses demasiado. Comienza a crear esos productos básicos hoy mismo.

USA UNA EVALUACIÓN PARA CALIFICAR A TUS CLIENTES Y TAMBIÉN PARA CERRAR LA VENTA DEL PRODUCTO DEL GRUPO PEQUEÑO

Uno de los productos más eficaces que puedes ofrecer para generar posibles clientes es una sesión en la que ellos tomen una evaluación en línea de veinte minutos, y después se reúnan contigo para repasar los resultados. Tu evaluación debería hacer surgir todos los problemas que el cliente tendrá que tratar para hacer crecer su negocio. Cada una de las áreas que necesitan trabajo después se cubrirán en tu pequeño grupo insignia.

Tras tomar la evaluación, tu cliente tendrá una "lista de problemas" que detalle todas las áreas de su negocio (o áreas de *coaching* que ofreces) en las que sea débil.

La "lista de problemas" en sí es de mucho valor para el cliente porque, sin la lista, al cliente por lo general le costará darse cuenta de qué es lo que está impidiendo que su negocio crezca. Piensa en la evaluación como en el diagnóstico que hace un mecánico de un automóvil o el que podría hacer un doctor en tu cuerpo. La revisión en sí misma tiene valor, pero tiene más valor aún la lista de marcos y procedimientos que habrá que instalar en el negocio para resolver los problemas; todo lo cual, por supuesto, se relaciona con los marcos y manuales de los que se hablará en tu pequeño grupo insignia.

Por ejemplo, una evaluación podría revelar que el negocio tiene un mensaje de mercadotecnia confuso, falta de visión estratégica, descripciones de trabajo difusas o inexistentes para los miembros del equipo, y procesos de flujo de caja improvisados. Después, el coach explicará al dueño del negocio que tiene que crear una nueva declaración de misión y un conjunto de principios rectores, aclarar el mensaje de su mercadotecnia, renovar su material de mercadotecnia, instalar un sistema de gestión y productividad para que el negocio funcione con más eficiencia, e instalar un procedimiento de gestión de flujo de caja que le aporte al dueño del negocio una mejor óptica de sus finanzas.

A partir de ahí, puedes ofrecer renunciar al primer mes de pago por tu pequeño grupo insignia, e invitarlos a que se anoten para unirse al siguiente programa. O si el cliente quiere atención individual, puedes recorrer con él o ella el mismo temario, ofreciendo un pago mensual anticipado de *coaching* individual de mil dólares o más.

Usa productos básicos, como una evaluación y sesión de coaching, para llenar tu pequeño grupo insignia.

Si no pretendes ser un *coach* de negocios, una evaluación puede seguir siendo de gran valor para tus clientes y servir como un gran producto básico. Ya sea que estés ayudando a las personas a gestionar su tiempo, criar a sus hijos, disfrutar de un mejor matrimonio, hacer mejores presentaciones o incluso formar su propia plataforma personal, una evaluación es una gran incorporación para tu menú de productos básicos.

CUANDO TIENES TU PRODUCTO INSIGNIA Y UNA SELECCIÓN DE PRODUCTOS QUE GENERA POSIBLES CLIENTES, CONSTRUYE TU MENÚ DE PRODUCTOS PARA AÑADIR AÚN MÁS VALOR PARA LOS CLIENTES

Cuando ya está en marcha tu primer grupo pequeño, puedes comenzar a añadir elementos a tu menú de productos.

Estos son algunos ejemplos de productos avanzados que puede ofrecer un coach de negocios:

Coaching regular individual: doce meses de *coaching* individual para renovar todo el negocio de tu cliente. En estas reuniones individuales puedes ofrecerte a ayudar a tu cliente a optimizar su liderazgo, mercadotecnia, ventas, optimización de productos, sistemas de gestión, flujo de caja y mucho más. El producto de *coaching* individual se puede hacer mediante reuniones bimensuales y, si quieres, lo puedes extender durante años. (Precio sugerido: 12 000 dólares)

Taller de principios rectores: este taller ayuda a los dueños de negocios a generar una nueva declaración de misión, características clave, acciones críticas, valores fundamentales y mucho más, lo cual equivale a una visión renovada para el pequeño negocio. Este taller normalmente se ofrecerá al equipo de liderazgo en una sesión de un día completo. (Precio sugerido: de 5000 a 10 000 dólares)

Taller de estrategia de mercadotecnia: el taller de mercadotecnia debería ayudar a los clientes a aclarar su mensaje de mercadotecnia y después aplicar su nuevo mensaje a todo un embudo de mercadotecnia, incluyendo una página de inicio, generadores de posibles clientes y correos electrónicos. (Precio sugerido: de 5000 a 10 000 dólares)

Taller de optimización de ventas: puedes ofrecer un taller de entrenamiento de ventas que ayude al equipo de ventas de tus clientes a optimizar su canal de ventas, comunicarse con más claridad con los clientes, identificar oportunidades perdidas y cerrar más ventas. (Precio sugerido: de 5000 a 10 000 dólares)

Taller de plan de crecimiento de dos días para un pequeño negocio: este taller estaría abierto a cualquier dueño de pequeño negocio que quiera hacer crecer su negocio. Como el taller se puede ofrecer al público y el costo sería asequible, el taller mismo también funciona como un generador pagado de posibles clientes. En el taller llevarás a los participantes por tu plan de crecimiento global (como una introducción a tus marcos y procesos). Esencialmente este taller va entregando lentamente tus marcos junto con una lista de tareas que cada dueño de negocio podría usar para transformar su negocio. Y, claro está, cuando termines de dar el taller estarás ante una sala llena de candidatos para tu pequeño grupo insignia. (Precio sugerido: 299 dólares)

***

Tu menú de productos puede ofrecer muchos más productos aparte de estos, incluyendo roles de director de mercadotecnia, director financiero, o incluso consultoría que ayude a tu cliente a vender su pequeño negocio. El punto es este: ten preparado un menú de productos listos para vender a clientes al "graduarse" de tu oferta del pequeño grupo insignia.

HISTORIA DE UNA *COACH*

A principios de 2020 era una *coach* bastante exitosa. Tenía ingresos continuos vendiendo servicios de *coaching* individual a emprendedoras ambiciosas que querían hacer crecer un negocio con ingresos regulares de 10 000 dólares mensuales. Mediante este trabajo descubrí que un negocio necesita una "Oferta totalmente irresistible" (una que atraiga a la gente y se venda antes de haber hablado de ello) o un abanico de ofertas, y hacer que los dueños de negocios ganen significativamente **más dinero y** dirijan su negocio con mayor fluidez que aquellos que no lo hicieron.

En marzo de 2020 llegó la pandemia, y todo el mundo comenzó a desarrollar negocios en el internet. En ese momento me di cuenta de que mi negocio de *coaching* general con una oferta no iba a ser suficiente. Necesitaba pasar de *coach* de negocios general que vende un producto a una audiencia general, a *coach* que resolvía un problema concreto, para una persona concreta, con una carta de productos que ayudara a encontrarlos donde estuvieran. La respuesta fue crear un menú de productos centrado en el modelo de "Oferta irresistible", y alrededor del modelo de Oferta Irresistible que yo había creado.

En cuestión de semanas, creé un menú de productos enfocado en mostrar a las personas cómo crear y optimizar sus ofertas, comenzando con mi *podcast* gratuito *It's Your Offer* (Es tu oferta), además de mi grupo de seis meses de duración, consultoría individual y retiros de lujo con todo incluido. Casi de inmediato, mis clientes ideales comenzaron a llegar, mis programas comenzaron a venderse, y los resultados que estábamos ayudando a que las personas crearan incluso en medio de la pandemia eran sorprendentes. Mis clientes estaban construyendo negocios, creando ofertas atrayentes y aumentando sus ingresos fácilmente con un menú de productos diversificado. Mi negocio tomó una trayectoria totalmente nueva cuando mis ingresos se duplicaron en 2021 y 2022, y ha seguido creciendo. Ahora soy una consultora muy solicitada que ayudo a los negocios a identificar brechas en su negocio que se pueden convertir en oportunidades de oro, optimizando sus ofertas para que sean Ofertas Irresistibles.

Tener una lista de productos sólida y bien planificada centrada en torno a una Oferta Irresistible ha sido una de las herramientas más poderosas en mi negocio y en los negocios de mis clientes. Cuando tus ofertas se optimizan para tu cliente ideal y el problema que estás resolviendo, y se crean en torno a tu solución única, los clientes son capaces de acudir fácilmente a tu negocio, descubrir cómo puedes ayudarlos, y adquirir la solución que estaban buscando. El resultado: un negocio que va rápido y llega lejos sin turbulencias y con un destino bien definido, lo que te llevará a unos ingresos predecibles y constantes que harán que el crecimiento sea la aventura más divertida de todas.

—**JESSICA MILLER**
Coach de negocios desde 2016

¿PUEDE UN *COACH* CREAR DE MODO REALISTA UN NEGOCIO DE *COACHING* DE 150 000 DÓLARES EN MENOS DE VEINTICUATRO MESES?

¿Qué tan rápido puede escalar un nuevo *coach* su negocio de *coaching* más allá de los 150 000 dólares al año? Si estás dispuesto a trabajar duro, y si sabes exactamente en qué trabajar, se puede conseguir en menos de veinticuatro meses. De hecho, muchos nuevos *coaches* con los que he trabajado han conseguido llegar a los 150 000 dólares en menos de seis meses. ¿Cómo lo hacen? Veamos los números.

EL CAMINO HASTA LOS 150 000 EN TUS PRIMEROS SEIS MESES

Sesiones pagadas de evaluación generadoras de posibles clientes u otros productos iniciales: 2 sesiones al mes a 500 dólares = 12 000 dólares.

1 pequeño grupo insignia de seis meses de duración: 20 miembros en total a 5 000 dólares por asistente = 100 000 dólares

3 clientes de *coaching* individual a 1000 dólares al mes = 36 000 dólares

4 talleres únicos sobre varios temas, como principios rectores, comunicación, ventas u otros a 5000 dólares cada uno = 20 000 dólares.

TOTAL: 168 000 dólares

Espero que puedas ver claramente que crear un negocio de *coaching* no solo es posible sino también realista. ¿Cuántas horas de tu tiempo te tomaría poder dar el tipo de valor que se necesita para sobrepasar los 150 000 dólares? No tantas como podrías pensar. Desglosaremos la misma oferta de producto enumerada arriba con un enfoque en el tiempo que tardarías en entregar estos productos.

Sesiones pagadas generadoras de posibles clientes de 90 minutos cada una: 36 horas al año.

Dar tu grupo pequeño insignia a 20 clientes durante 60 minutos, 6 veces al año: 6 horas en total al año.

Sesiones de *coaching* individual para 3 clientes de 60 minutos, dos veces al mes: 72 horas al año.

Los 4 talleres de todo un día, a 8 horas por taller: 32 horas al año.

Sumando todas las horas que emplearás en dar este valor es un total de 146 horas. Ahora bien, recuerda que esta cifra es anual, es bastante baja si piensas cuántas horas laborables hay en un año. De hecho, si trabajas cuarenta horas por semana, eso significa que emplearás menos de cuatro semanas de ocho horas diarias entregando tus productos de *coaching* y todavía te quedarán once meses de tiempo para disfrutar de amigos, familia, aficiones o para ampliar aún más tu negocio de *coaching*. Otra manera de mirar cómo podrías invertir estas horas es que solo tendrías que hacer *coaching* los lunes y martes, y podrías tomarte el resto de la semana libre.

Por supuesto que a medida que construyes tu negocio, necesitarás pasar los otros tres días de tu semana añadiendo clientes a tu lista de clientes potenciales, participando en conversaciones de presentación del *coaching*, redactando y enviando correos, creando tu menú de productos y preparándote para entregar tus sesiones de *coaching*.

Dicho esto, una vez que tienes tu página web lista y funcionando, ya has creado tus generadores de captación de posibles clientes, tus correos automatizados ya están escritos y funcionando, ya existen tus productos, y ya no tienes que prepararte porque siempre estás listo para hacer *coaching* en cualquier momento, allí realmente tendrás lo que es un trabajo a tiempo parcial que te remunerará extremadamente bien. El punto es este: si construyes un negocio de *coaching* exitoso, en realidad podrías crear tu trabajo soñado.

¿CÓMO PUEDES CONSTRUIR UN NEGOCIO DE *COACHING* DE UN MILLÓN DE DÓLARES?

Si quieres escalar todavía más tu negocio de *coaching*, puedes hacerlo simplemente contratando *coaches* que trabajen para ti y usen exactamente el mismo manual para aumentar las horas de *coaching* que tú usabas para llenar las tuyas.

Por ejemplo, si tienes cuatro *coaches* que facilitan cada uno de ellos un pequeño grupo principal de diez personas, y cobras 5000 dólares por persona, tus ingresos brutos son de 200 000 por *coach*, que hacen un total de 800 000 dólares. Si le pagas a cada coach unos 125 000 dólares, dependiendo de cuántos grupos pequeños dirigen, tu ganancia será de 300 000 dólares. Suma eso a tus talleres y tu propio grupo maestro, y obtendrás fácilmente más de 500 000 dólares brutos.

Esencialmente, lo que vas a construir si contratas a otros *coaches* que trabajen para ti es una pequeña agencia de *coaching*.

La manera en que podría funcionar una pequeña agencia sería como sigue:

1. Usa un material de captación de clientes que sea popular para hacer tu lista.
2. Vende sesiones introductorias pagadas a clientes que se incorporan, y genera confianza con esto.
3. Organiza una gran conferencia (de doscientos o más dueños de negocios) cada año como una entrada de bajo costo a tus servicios de *coaching*.

4. Vende seis meses adicionales de membresía de un grupo pequeño a toda tu lista, especialmente a quienes asistan a tu conferencia. Que tus *coaches* hagan consultoría con estos pequeños grupos.
5. Vende además a todos los miembros de grupos pequeños tus talleres de liderazgo, gestión, mercadotecnia y ventas.
6. Vende además a tus clientes tu grupo MasterMind personal.

El equipo necesario para lanzar un modelo así estaría formado simplemente por ti mismo, un asistente ejecutivo que pueda actuar como organizador de eventos, una persona de mercadotecnia contratada y cuatro *coaches* contratados. Y con esto bastaría. A decir verdad, eso es mucho trabajo, pero si quieres construir un negocio y no te importa dirigir a personas, podrías construir fácilmente una pequeña agencia de *coaching*.

Si quieres llevar tu agencia de *coaching* incluso más lejos, es decir, a un negocio de siete u ocho cifras, he incluido un manual para hacerlo al final de este libro. Desarrollar un negocio de *coaching* de ocho cifras te exigirá contratar y gestionar un equipo, y por eso el manual que encontrarás en el capítulo "Cómo escalar tu negocio de *coaching* hasta siete cifras o más" fue creado en forma de un plan de contratación, completado con descripciones de trabajo para cada una de las contrataciones que necesitas.

En este punto, tal vez estés pensando que todo esto parece abrumador. Lo único que quieres hacer es desarrollar un pequeño negocio de *coaching* con una pequeña lista de clientes y una vida que disfrutes. Estupendo. La verdad es que puedes conseguirlo fácilmente en un periodo de tiempo corto y después, si quieres, seguir creciendo hasta llegar a ser una pequeña agencia.

CREAR UN MENÚ DE PRODUCTOS TE DARÁ LA CONFIANZA NECESARIA PARA CONSTRUIR UN NEGOCIO DE *COACHING* FUERTE Y ESTABLE

Las siguientes son seis razones por las que crear un menú de productos es el primer paso para desarrollar un negocio de *coaching* exitoso:

1. Sabrás qué problemas puedes ayudar a resolver a un cliente porque has creado productos para resolverlos.
2. Serás capaz de pedir dinero con mucha más confianza porque tienes algo tangible que ofrecer a cambio.
3. Podrás entregar valor en cualquier momento porque ya estás preparado con algo que ofrecer.
4. Serás capaz de planear el crecimiento de tu negocio, edificar sobre metas de ventas reales, y desglosarlas por productos.
5. Aumentarás tus referencias porque tus clientes sabrán qué servicios recomendar a sus amigos.
6. Tu confianza como *coach* de un pequeño negocio se disparará porque estarás entregando constantemente un valor increíble a tus clientes.

¿REALMENTE PUEDES PEDIR ESTA CANTIDAD DE DINERO A CAMBIO DE *COACHING*?

Algunos *coaches* disfrutan dando consejos y asesoría, pero se sienten incómodos pidiendo dinero. Cuando creas un menú de productos, es más fácil pedir dinero a cambio de lo que vales porque estás intercambiando el dinero por un valor tangible en forma de producto. Los *coaches* exitosos piden dinero con confianza. Si puedes ayudar a alguien a hacer dinero, definitivamente tú mismo vales dinero. Practiquemos lo que predicamos. Si hay algo que un *coach* de negocios necesita hacer es ayudar a un cliente a ofrecer valor a cambio de dinero y después enseñarle a gestionar ese dinero. En definitiva, intercambiar valor por dinero es en lo que consiste cualquier negocio exitoso. Tu negocio de *coaching* no es diferente.

Tus clientes conseguirán a cambio grandes ganancias por su inversión en tu *coaching*. Tan solo aclarar su mensaje de mercadotecnia podría suponerles cientos de miles de dólares de ingresos, si no millones. Aprender a crear un discurso de venta podría aportarles millones más. Instalar un manual de flujo de caja podría evitarles la bancarrota, y aprender a dirigir a su gente podría darles el descanso psicológico que necesitan para dormir más y estar más descansados.

Si no eres un *coach* de negocios, imagina la alegría que estás dando a personas al introducirlos a un nuevo pasatiempo, o cuánta frustración les estás evitando al ayudarlos a que su hijo recién nacido coma y duerma mejor. Ya seas *coach* de fotografía o tutor de matemáticas, tu *coaching* ofrece un valor tangible que mejora la calidad de vida de tus clientes.

Sin embargo, el hecho de que estés aportando valor no es la única razón por la que deberías cobrar por tus servicios de *coaching*. Otra razón para cobrar por tus servicios de *coaching* es porque, si no cobras, las personas no te respetarán y no hablarán a sus amigos de ti.

Como regla general, las personas no respetan las cosas por las que no pagan.

Deberías cobrar por tu trabajo de *coaching*. Y, si eres capaz de producir grandes resultados, deberías cobrar más.

El *coaching* crea situaciones en las que ambos ganan, tanto el *coach* como el cliente, pero especialmente el cliente. No solo eso, sino que el beneficio del cliente continúa cuando se termina su tiempo fijado de *coaching*.

Para tus clientes, una inversión en un buen *coach* podría aportarles grandes dividendos durante décadas posteriores.

¿DEBERÍAS REVELAR EL COSTO DE TUS PRODUCTOS DESDE UN PRINCIPIO?

No tienes que hablar de tus precios desde un principio, pero te recomiendo mucho que lo hagas, en especial si te pones nervioso al pedir dinero extra. Si te pone nervioso pedir dinero extra, es probable que reduzcas tus precios para construir tu negocio. El problema de la reducción de precios para construir tu negocio es que cuando reduces los precios, reduces el valor percibido de tu *coaching*. Además, cuando revelas los precios claramente en tu página web, eliminas clientes que no se pueden permitir tus servicios o simplemente quieren disfrutar de tu asesoría gratuitamente.

Tus precios, por supuesto, pueden variar con base en muchos factores, incluyendo la cantidad de tiempo que necesitará tu cliente, si tu cliente necesita reunirse en persona o no, si va a estar en un grupo pequeño o si quiere reunirse individualmente y, por supuesto, la complejidad de sus problemas.

Si quisieras dar a conocer tus precios, pero también tener flexibilidad en los mismos, puedes incluir frases como "desde 5000 dólares" para cubrir la personalización necesaria de los precios.

Cuando los clientes saben cuánto tienen que pagar por un producto específico, es mucho más probable que perciban el valor de dicho producto. Nunca te devalúes, ni tú ni tus productos, porque cuando lo haces devalúas el valor percibido que le estás ofreciendo a tu cliente.

¿CUÁNTO DEBERÍAS COBRAR POR TUS SERVICIOS?

¿Cuánto puedes cobrar por tus productos y servicios? Es una gran pregunta. Y, por supuesto, la respuesta cambia según las necesidades de la persona que hace la pregunta.

La cantidad de dinero que puedes cobrar por los productos y servicios depende de una cosa: qué tan grandes sean las ganancias que reciba tu cliente después de tus servicios de *coaching*. Ya sea una ganancia económica o ganancia en calidad de vida, puedes cobrar más dependiendo de la ganancia que seas capaz de entregarle.

Un buen *coach* le dará a su cliente una ganancia enorme a cambio de su inversión. Esta es otra razón para hacer *coaching* con tus clientes usando productos de *coaching* demostrados y fiables. Saber qué productos vendes te permite entender mejor qué tipo de ganancias producen esos productos.

Como *coach* de negocios me gusta seguir la regla del 10 %, donde el precio que cobro por mi *coaching* será menos del 10 % de la ganancia que, siendo conservador, espero que consiga mi cliente si ejecuta el manual o marco que le ayudaré a implementar. De hecho, creo tan apasionadamente en la regla del 10 % que ofrezco la devolución completa del precio de mis servicios de *coaching* si mi cliente no consigue una ganancia diez veces mayor que la cantidad que invirtió en mi *coaching*. Esta es una garantía fácil de ofrecer, ya que no trabajaré con un cliente que no esté calificado para conseguir una enorme ganancia económica. A lo que me refiero con esto es que solo acepto clientes que tengan un buen negocio, un buen equipo de liderazgo, los recursos para poner en práctica el plan que acordemos, y la capacidad de hacer más dinero. Si un cliente reúne estos criterios, sé que puedo intervenir para que tenga un gran éxito y grandes ganancias por su inversión.

Y, además, me complace devolverle a un cliente su dinero si no consigue ganancias por la única razón de proteger mi reputación como *coach*. No quiero que nadie vaya por ahí sintiendo que hizo una mala inversión con mis sesiones de *coaching*. Como *coach*, no busco un historial ganador; busco un historial perfecto.

Tu *coaching* es una inversión económica que debería prometer una ganancia económica. Si tu cliente puede obtener una ganancia de 100 000 dólares después de enseñarle a crear un gran discurso de venta, por ejemplo, puedes cobrar sin ningún problema entre 5000 y 10 000 dólares por ese entrenamiento. Si tu grupo MasterMind de un año de duración ayudará a tus clientes a conseguir un aumento de un 30 % en ingresos para sus pequeños negocios de entre uno y tres millones de dólares, puedes cobrar a cada cliente 6000 dólares por asistir al curso o incluso 1000 dólares al mes por hacer *coaching* individual.

No me malentiendas. No estás queriendo cobrar el 10 % de la cantidad que gane tu cliente. Ningún negocio te dará el 10 % de sus ventas. Dicho eso, si estás por debajo de la regla de inversión del 10 %, creo que tus productos tienen un precio justo.

Algunos *coaches*, especialmente los que están comenzando, no se sienten cómodos cobrando mucho por sus productos y servicios, y lo entiendo. Estos precios pueden parecer exorbitantes, en especial cuando estás hablando sobre un taller que puedes dar en un solo día. Sin embargo, vale la pena repetir que quienes se ven tentados a rebajar los precios para conseguir más negocio deberían recordar un principio básico que es cierto en todos los mercados de consumo: los seres humanos asocian valor con precio.

Hace años atrás, por ejemplo, yo obtenía la mayor parte de mis ingresos viajando y dando conferencias. Era una vida estupenda y tenía un buen salario, pero cuando me casé y mi esposa y yo comenzamos a pensar en formar una familia, supe que necesitaba dejar la carretera. Sin embargo, en lugar de eliminar mi página como conferencista, le pedí a mi equipo que la mantuviera y que sencillamente duplicara mis honorarios como conferencista. ¿Por qué? Porque sabía que nadie me contrataría con un precio tan alto y, sin embargo, al pedir ese nuevo precio aumentaría el valor percibido de mis servicios. Para mí, elevar mi precio como conferencista era una estrategia de percepción de valor. Y, además, si mis invitaciones se reducían a la mitad, podía obtener la misma cantidad de dinero que antes mientras permanecía felizmente casado.

Seguro imaginas lo que ocurrió entonces. Unas pocas semanas después de anunciar mis nuevos honorarios como conferencista, *aumentaron* las peticiones. Así es, el número de empresas y conferencias a las que me invitaron aumentó. ¿Por qué? Porque las personas suponían que yo lo valía y estaban buscando un buen conferencista. Cuando fui a decirle a mi esposa lo que había ocurrido, comenzó a preparar mi maleta.

"¡Por ese dinero, podemos tener un gran matrimonio!".

Estoy bromeando, por supuesto. Mi esposa y yo tuvimos que limitar el número de invitaciones que aceptaría para proteger nuestra vida y nuestra familia; pero el punto es este: cobrar más por mis servicios ayudó a mis clientes a entender el valor que yo ofrecía.

Al crecer en competencia y al generar resultados cada vez mejores para tus clientes, serás capaz de aumentar tu precio sobre la base del valor demostrado que estás ofreciendo.

> De nuevo, lo fundamental es esto: si quieres que tu negocio de *coaching* crezca, considérate a ti mismo como una inversión económica que genera ganancias importantes para tus clientes.

Como *coach* de pequeños negocios, vendes dinero. Literalmente vendes un aumento en los ingresos, lo cual es dinero. Si hubiera una tienda en la calle donde la gente pudiera comprar 1000 dólares por una inversión de 500 dólares, ¿crees que ese negocio iría bien? Por supuesto que sí. Todos los días habría una fila que daría la vuelta a la manzana y seguiría por toda la calle.

La clave para hacer crecer tu negocio de *coaching*, entonces, es asegurarte de que tus productos de produzcan a tus clientes una gran ganancia a cambio de su inversión.

A medida que avances cada vez más en tu negocio de *coaching*, tu menú de productos evolucionará. Ajustarás de modo natural tus ofertas y tus precios sobre la base de la demanda del cliente y su retroalimentación. Esto es normal. El punto está en saber siempre qué estás ofreciendo, qué problemas resuelven tus productos, y qué tipo de ganancia pueden esperar tus clientes.

Una vez que hayas creado tu lista de productos, comenzarás a sentirte mucho más seguro con cómo tendrás éxito como *coach*.

***

Después de tener un menú de productos, es el momento de comenzar a pensar en una posible lista de clientes. Cuando comienzan, la mayoría de los *coaches* piensan primero en su lista de posibles clientes, pero creo que eso es un error. Tu primer paso debería ser crear productos, porque es solo después de crearlos es cuando puedes reconocer plenamente qué clientes podrían necesitar esos productos concretos. En pocas palabras, una vez que hayas creado un menú de productos, una lista de posibles clientes encajará en su lugar de modo natural.

En el siguiente capítulo te guiaré por el proceso de crear una lista de posibles clientes, y también te mostraré cómo organizar y comunicarte con esa lista para que conviertas posibles clientes en aquellos que paguen por tus servicios.

PASO DOS

CREA Y GESTIONA UNA LISTA DE POSIBLES CLIENTES

Ahora que has creado una lista de productos de *coaching* que puedes ofrecer, deberás crear una lista de compradores calificados que se beneficiarían de esos productos. Esencialmente, querrás prestar atención a personas que conozcas que estén batallando con los mismos problemas que tú y tus productos resuelven.

En lo relacionado con liderar un negocio, casi todos los dueños de negocios batallan con algo. A fin de cuentas, muy pocas personas comienzan un negocio porque quieran dirigir uno. Suelen iniciar un negocio porque quieren ser libres económicamente, o porque les apasiona un producto, o porque quieren ayudar a la gente. Sin embargo, si el negocio tiene éxito, se encuentran en territorio desconocido: en realidad nunca aprendieron a dirigir un negocio.

¿Cuánto tardarás en desarrollar una base de datos de posibles clientes de *coaching*? No mucho. De hecho, si agarraras una hoja de papel y escribieras los nombres de todas las personas que conoces o que hayas conocido que dirigen un negocio, apuesto a que escribirías de inmediato diez o veinte nombres, y muchos más al día siguiente. Después, tras abrir tus ojos a las muchas personas de tu círculo de influencia que están intentando dirigir o hacer crecer un negocio, la lista se triplicará o se cuadruplicará en cuestión de semanas.

Después de crear un menú de productos, los posibles clientes calificados te resultarán más obvios. Cuando Nicole Burke comenzó por primera vez a ofrecer consejos de horticultura, se presentó en la casa de su primera clienta con una cesta llena de lechugas de su huerto. Resultó que su clienta tenía cuatro amigas de visita en su casa, y esas amigas se convirtieron en sus siguientes clientes.

A medida que se corra la voz acerca de tu destreza y experiencia, tu lista de clientes debería comenzar a aumentar.

Como *coach* de negocios, si comienzas un pequeño grupo insignia solo necesitarás unos veinte clientes que paguen para conseguir un ingreso de seis cifras, y unos veinte más para duplicar esa cifra. Dicho esto, no todos los clientes de tu lista te contratarán como su *coach*. Aun así, si solamente el 10 % de las personas de tu lista hacen una compra, eso significa que solo tienes que reunir doscientos nombres y direcciones de correo para construir un negocio de *coaching* exitoso. Eso puede parecer mucho, pero sinceramente, ¿no crees que podrías desarrollar una lista como esa en un año?

Hay mucho potencial para ti solamente en el segmento del pequeño negocio.

¿Qué clase de dueños de pequeños negocios estás buscando?

- Agentes de bienes raíces
- Asesores financieros
- Dentistas

- Constructores
- Jardineros
- Alfareros
- Artistas
- Agentes de seguros
- Agentes hipotecarios
- Dueños de gimnasios
- Médicos de medicina general
- Dueños de restaurantes
- Representantes de artistas
- Dueños de tiendas minoristas
- Dueños de casas vacacionales
- Personal de limpieza
- Floristas
- Empleados de mantenimiento
- Mecánicos
- Plomeros
- Limpiadores de cristales
- Carpinteros
- Consultores
- Sastres
- Desarrolladores autónomos
- Entrenadores personales
- Entrenadores caninos
- Diseñadores gráficos

- Camarógrafos
- Fotógrafos
- Consejeros
- Dueños de tiendas de ropa
- Baristas
- Dueños de tiendas de comidas artesanales
- Creadores de contenido digital
- *Influencers* en redes sociales
- Conferencistas
- Nutricionistas
- Propietarios de camionetas de comida
- Limpieza de vehículos
- Arboristas
- Dueños de centros geriátricos
- Basureros
- Banqueros
- Abogados
- Escritores
- Agentes de viajes
- Inspectores de viviendas
- Chefs personales
- Gestores de propiedades
- Médicos de familia
- Masajistas
- Diseñadores de interiores

- Dueños de asociaciones sin fines de lucro
- Guías turísticos
- Tutores
- Organizadores de eventos
- *Catering*
- Dueños de cafeterías
- Compañías de mudanzas
- Organizadores profesionales
- Cuidadores de día

La lista es casi interminable. Y estos son solo los dueños de pequeños negocios. En verdad, cualquier negocio que esté ganando menos de 100 millones de dólares se beneficiará de ti como *coach* de pequeños negocios, y eso significa que hay más de treinta millones de posibles clientes solamente en los Estados Unidos.

Añadamos a esta lista todos los ejecutivos y gerentes de grandes empresas que puedan estar buscando ascender en su carrera. Esos tipos también necesitan *coaches*.

Una vez que tus ojos se abran a emprendedores y líderes de empresas que llevan la carga de proveer para sí mismos y para sus empleados, los verás por todas partes. Y escribirás sus nombres y direcciones de correo y comenzarás a presentarles el valor que eres capaz de ofrecer en forma de campañas de correos electrónicos de fomento del interés y de ventas.

¿CÓMO LANZAR UN NEGOCIO DE *COACHING*? DILE A LA GENTE QUE ERES UN *COACH* UNA Y OTRA VEZ

Es importante que digas a la gente que eres un *coach*, especialmente si estás dando un giro a tu carrera profesional. Al principio, las personas que te conocían en tu trabajo anterior tal vez tengan que acostumbrarse a tu nueva carrera, pero después de oír que te presentas como *coach* de negocios o recibir algunos correos tuyos en los que ofreces consejo empresarial, su imagen de ti cambiará. Y cuanto antes te identifiquen como un *coach* de negocios, comenzarán a pedir tus servicios y les hablarán a sus amigos acerca de los servicios de *coaching* que ofreces.

En mi propia experiencia, cualquier cambio de dirección en la carrera tarda unos tres años en metabolizar y convertirse en la identidad de uno. Yo comencé como escritor de memorias, pasé a escribir sobre los negocios y después a hacer *coaching* a coaches. Cada transición ha sido más fácil que la anterior, pero toma algo de tiempo. A decir verdad, sin embargo, estas transiciones tienen sentido. El mundo es fluido y tú también. A medida que creces en tu carrera profesional, siempre estarás construyendo sobre el pasado para crear un futuro nuevo y mejor para ti.

No hace mucho tiempo hablé con un caballero que estaba cambiando su trabajo: de ser contador a *coach* de negocios. Se preguntaba si debería mencionar que antes era contador o si un trabajo que no está relacionado en modo alguno con ese campo afectaría negativamente la autoridad que necesitaba para posicionarse como *coach*.

"Cuando eras contador, ¿alguna vez viste cuadros de beneficios y pérdidas que te hacían mover tu cabeza en descrédito por los obvios errores empresariales que estaba cometiendo el cliente?", le pregunté.

"Todo el tiempo", me dijo.

"Estupendo. Entonces, lo único que tienes que decir es que antes eras contador y te cansaste de leer reportes de ganancias y pérdidas que revelaban malas decisiones de negocio, y eso te hizo pasar a ser *coach* con el fin de ayudar a las personas a fin de que no cometan esos terribles errores".

Lo que este señor pensaba que sería perjudicial (que antes era contador y no tener experiencia en el *coaching*), en realidad era una gran ventaja. En su oferta de *coaching* estaría en disposición de ayudar a las personas mucho antes de que los reportes de beneficios y pérdidas comenzaran a verse feos.

Tu experiencia es una gran ventaja para ayudarte a construir una carrera como *coach*. Saca partido a esa experiencia para beneficio de tus clientes.

Si mi nuevo amigo quiere hacer crecer su negocio de *coaching*, lo único que tiene que hacer es relatar la historia de cómo se cansó de ver a personas cometer errores una y otra vez hasta que todo aquel que lo conozca entienda su historia de fondo y cuánto puede ayudarles a generar más ingresos y reportes de beneficios y pérdidas mucho mejores.

Cuando nuestro amigo contador/*coach* relata su historia, puede pedir la información de contacto de un posible cliente y, después, enviarle un correo y repetir la historia, "presentándose" como *coach* de negocios con la experiencia añadida de un contador en la mente de cualquiera que lo conozca.

De hecho, así es como mi *coach* de negocios personal garantizó mi negocio. Y sí, me reúno con un *coach* de negocios dos veces al mes. Pago miles de dólares al año para reunirme con mi *coach*, y la inversión vale la pena con mucha diferencia. La verdad, sin embargo, es que nunca vi a mi *coach* como un *coach* de negocios antes de contratarlo. Era un viejo amigo a quien yo seguía en Instagram. Me encantaba la sabiduría que compartía en sus historias y había leído algunos de sus libros, pero por alguna razón nunca lo había visto como un *coach*. De hecho, cuando decidí contratarlo como *coach*, me puse a pensar que realmente podría beneficiarme de tener uno como él. Entonces, un día, él recordó a sus seguidores que era un *coach* de negocios. Literalmente tuvo que decirlo así de claro para que yo pudiera pensar en contactarlo y contratarlo.

Si estás cambiando de carrera profesional, puede que no pienses en ti como un *coach* de negocios. Lo único que te falta es la experiencia; sin embargo, si sabes hacer algo y tienes el menú de productos, eres un *coach*. Puede que te tome algún un tiempo identificarte como tal, pero el hecho es que ahora eres un *coach*.

¿CÓMO TE ANUNCIAS A TI MISMO COMO *COACH* DE NEGOCIOS?

Otra razón para comenzar una lista de correo electrónico es porque te da la oportunidad de anunciarte enviando correos que ofrezcan algo valioso de forma gratuita. Obviamente, no todos te contratarán cuando vean que eres un *coach* de negocios, pero si escuchan de ti de forma regular y consistente, aumentarás mucho su interés y la demanda por tus servicios de *coaching*.

¿Por qué? Porque la familiaridad a menudo se corresponde con la confianza. Las personas tienden a comprar productos y servicios a líderes con los que están familiarizados, y la familiaridad toma tiempo. Al recolectar una lista de posibles clientes y enviarles correos, estás creando una sensación de familiaridad y confianza, la cual, con el paso del tiempo se traducirá en pedidos.

Si usas el proceso que describiré en este capítulo, formarás una base de datos de posibles clientes y te ganarás su confianza al compartir tu conocimiento mediante un sistema de correos sencillo y automatizado. Incluso si tus contactos nunca te contratan, te posicionarás como *coach* de negocios en sus mentes y se extenderá la noticia de boca en boca.

Si acabas de comenzar en el *coaching*, crear una lista de posibles clientes y estar en comunicación con ellos es fundamental para desarrollar un negocio de *coaching*. No conozco ningún *coach* de negocios que haya creado y alimentado una lista de posibles clientes y no haya podido hacer crecer su negocio de *coaching*. Todos y cada uno de los *coaches* que crean y mantienen una lista de correo hacen crecer su negocio de *coaching*, y la mayoría de ellos lo consiguen rápidamente.

Hacer una lista de posibles clientes y comunicarte con ellos de forma regular es algo que puedes hacer incluso antes de dejar tu empleo actual. De hecho, tengo un amigo que pasó años siendo el CEO de una empresa de 100 millones de dólares y a la vez mantuvo su propio sistema privado de gestión de relaciones con clientes, estando en contacto con miles de amigos y líderes de negocios semana tras semana. Cuando mi amigo dejó de ser CEO y comenzó su propio negocio de *coaching*, pudo ponerse en contacto con esa lista para hablarles de los nuevos productos de *coaching* que ofrecía y obtuvo más de medio millón de dólares en su primer año como *coach*. ¿Por qué? Ciertamente tenía mucho que ofrecer, pero lo más importante es que tenía posibles clientes calificados a los cuales hacer llegar esas ofertas. No solo tenía posibles clientes calificados, sino que también había estado fomentando el interés de esos posibles clientes durante años, y se había ganado el tipo de confianza que se necesita para que los clientes le pagaran más por sus productos de *coaching*.

SUSCRÍBETE A UN CRM BÁSICO Y COMIENZA A CREAR TU LISTA HOY

Para alimentar tu lista de correo es bueno que crees un CRM (*Customer Relationship Management*; Gestión de Relaciones con los Clientes), y aunque suena complicado, en realidad no lo es. Básicamente, un CRM es un programa de base de datos que te permite enviar correos a clientes. La mayoría de los CRM pueden convertirse en una gestión de relaciones y una herramienta de control de datos más robusta, pero básicamente es una herramienta que te permite entrar en contacto con personas y mantenerlo.

A continuación, algunas cosas que puedes hacer para crear y alimentar una base de datos de posibles clientes y crear una comunidad en torno a tu plataforma de *coaching*:

- Suscribirte a un proveedor de *software* de CRM y comenzar a añadir nombres y direcciones de correo a tu base de datos.
- Hacer una lista de los veinte desafíos principales que enfrentan tus clientes (y que tú resuelves) y crear correos que ofrezcan soluciones a esos desafíos.
- En tus correos, incluye tus productos de *coaching* y dirige el tráfico a tu página inicial como modo de presentar a posibles clientes tus servicios de *coaching*.
- Calificar y cerrar tratos con posibles clientes haciendo ofertas directas para conectar tus productos de introducción con tu oferta insignia.
- Dar a los clientes la oportunidad de interactuar contigo, en persona, en un desayuno gratuito o un almuerzo informal.
- Entregar presentaciones y seminarios web para asegurar nuevos clientes potenciales.

Si das estos pasos, harás que tu negocio de *coaching* crezca.

Realmente es así de sencillo. Una vez que está establecido el CRM, hacer crecer tu negocio de *coaching* es tan fácil como añadir direcciones de correo a la base de datos y permitir que el CRM haga el trabajo.

Mantener tu propio CRM es una gran ventaja en cualquier negocio.

De hecho, aunque no tengas la intención de convertirte nunca en un *coach* de negocios, gestionar un CRM que incluya posibles direcciones de correo de clientes y estar en contacto con ellos es un movimiento fantástico en tu carrera profesional. Imagina cuán rápidamente escalaría la profesión de cualquier persona si enviara mensualmente consejos de negocios basados en lo que ha aprendido recientemente.

Mantener el contacto con tu lista de contactos de negocios hará dos cosas para catapultar tu negocio de *coaching*: en primer lugar, creará reciprocidad. Como compartes mensual o semanalmente sabiduría de *coaching*, estarás generando agradecimiento entre tus seguidores y será más probable que asegures tratos cuando un cliente que se haya beneficiado de tus encuentros gratuitos de *coaching* se vea ante un desafío importante.

En segundo lugar, y quizás incluso más importante, los posibles clientes que reciban tus correos recordarán que eres un *coach*. La mayoría de las personas que conocemos en los negocios entran y salen de nuestra red de trabajo en minutos, no en meses. Solamente piensa en la última conferencia a la que asististe. ¿A cuántas personas diste un apretón de manos? ¿A cuántas te presentaron? ¿Con cuántas almorzaste? Ahora, ¿cuántas de esas personas siguen en contacto contigo una vez por semana mediante una campaña de correo automatizada? Probablemente nadie. Imagina si hubieras conocido a alguien hace dos años atrás y te hubiera estado enviando consejos útiles de *coaching* cada mes desde entonces. ¿Cuántas probabilidades más tendrías de llamarlo si estuvieras lidiando con un problema que él hubiera abordado en un correo reciente?

En esencia, el mundo de los negocios es un ecosistema relacional. Mientras más tiempo mantengas la relación con las personas, más grande será tu red dentro de ese ecosistema y más personas se acordarán de ti cuando se necesite tu experiencia y destreza.

Tendemos a hacer negocios con personas que nos resultan familiares.

Mantener un CRM personal y estar en contacto con personas es un negocio inteligente.

Más adelante en este libro te mostraré el tipo de correos que puedes enviar a posibles clientes. Te daré incluso plantillas de correo que puedes enviar que definitivamente harán que tu negocio de *coaching* crezca. Por ahora, sin embargo, recorramos los pasos que tienes que tomar para crear un fundamento para tu sistema de gestión de relaciones con los clientes.

CREA UNA CUENTA DENTRO DE UN SISTEMA DE GESTIÓN DE RELACIÓN CON CLIENTES

Sé lo que estás pensando. Estás pensando que conseguir un CRM es algo que debería hacer el departamento de mercadotecnia. Es totalmente cierto. Sin embargo, si estás comenzando o dirigiendo ya un negocio de coaching, *tú* eres oficialmente el departamento de mercadotecnia... y también el desarrollador de productos, y de ventas, y de operaciones y el que hace el café.

Puede ser intimidante pensar en gestionar un CRM, pero no es intimidante en absoluto. Si indagas y juegas con un CRM durante un par de horas, te enamorarás de ello para siempre. Al crear una cuenta con un proveedor de CRM estarás entrando en un mundo que disfrutarás. No solo eso, sino que conocerás de primera mano un sistema que podrás enseñar a usar también a los clientes.

Hay muchos CRM ahí afuera, pero no todos están diseñados para ayudarte a gestionar una base de datos pequeña. Algunos CRM, sin embargo, tienen suscripciones baratas para iniciarte que te permiten gestionar una lista de clientes de decenas hasta cientos de posibles clientes. El problema con la mayoría de los CRM en lo tocante a los negocios de *coaching* es que son demasiado robustos. Evita esos CRM al crear tu base de datos. Hace un par de años volé para visitar Keap, una empresa de CRM en las afueras de Phoenix que se especializa en pequeños negocios. Me gustó mucho, así que trabajé con ellos para crear un CRM de instalación automática para *coaches*. El sistema incluye decenas de plantillas de correo que puedes editar y personalizar para tus esfuerzos de *coaching*. Es estupendo, y puedes comenzar con ello en CoachBuilder.com.

Si te suscribes a un CRM y pasas una mañana jugueteando con el sistema, hacer crecer tu negocio te parecerá más como un juego de video que un ejercicio de crear marca y mercadotecnia. Y, si te enganchas a la gestión de CRM, tu negocio de *coaching* debería crecer mucho más rápidamente que si simplemente confías en el boca a boca.

HAZ UNA LISTA DE LOS VEINTE PRIMEROS RETOS QUE ENFRENTAN TUS CLIENTES Y CREA CORREOS QUE OFREZCAN SOLUCIONES A ESOS RETOS

Recuerda que los clientes solamente te contratarán para ayudarles a resolver problemas; sin embargo, míralo como buenas noticias. Si tienes claro los problemas que puedes resolver, la gente te contratará.

De hecho, incluso puedes segmentar tu lista de correo sobre la base de los problemas que tienen los clientes. Un cliente que te dice que está lidiando con problemas de gestión puede recibir diez correos con consejos sobre gestión y después un correo ofreciéndole tu servicio *fractional* de jefe de operaciones (COO). Mientras tanto, un cliente con un equipo de ventas que no cumple objetivos recibirá correos ofreciendo consejos sobre ventas, seguido de un correo de ventas ofreciéndole tu taller de entrenamiento de ventas.

Recuerda: la razón por la cual introducir a estos clientes en tu CRM es porque eso te permitirá desarrollar poco a poco familiaridad y confianza, lo cual finalmente se traducirá en ventas.

Por lo tanto, ¿qué problemas deberías definir para segmentar tu lista? Eso depende. Depende de qué problemas estés calificado para ayudar a tus clientes a resolver. Si quieres disfrutar de tu vida como *coach*, entonces tendrás que ayudar a los clientes a resolver problemas que te *encanta* resolver.

Para averiguar con qué problemas están batallando tus posibles clientes, establece una encuesta automática dentro de tu CRM. Puedes hacerlo introduciendo como tercer o cuarto correo de tu campaña de fomento del interés un cuestionario preguntando sobre puntos complicados para los clientes. Por ejemplo, puedes preguntar a los posibles clientes cuál es el mayor desafío con el que están lidiando ahora:

- Tenemos que generar más ingresos.
- Estamos pagando demasiados impuestos.
- Nuestra estrategia de mercadotecnia no está funcionando.
- No estamos alineados en torno a una misión común.
- Realmente nadie sabe lo que se supone que debe hacer cada uno.
- No estamos cerrando ventas.
- Nuestros márgenes de beneficio se están reduciendo.
- Estamos perdiendo cuota de mercado con respecto a la competencia.

El mismo tipo de lista se puede crear aunque no seas un *coach* de negocios. Cada *coach* existe para hacer una cosa: ayudar a las personas a resolver sus problemas. Al margen de qué tipo de *coaching* hagas, crea una lista de problemas y después comienza a ofrecer consejos sobre cómo resolver esos problemas dentro de una campaña de correo automatizada.

Si pides a suficientes posibles clientes que identifiquen su reto más apremiante, pronto identificarás los puntos difíciles que harán crecer tu negocio de *coaching* **más rápidamente**.

Si no quieres crear un sondeo e incluirlo en tu campaña de correos de fomento del interés, puedes generar una lista de retos apremiantes solamente escuchando a tus posibles clientes hablar de sus negocios.

Estas son las frases que escucharás de posibles clientes que revelan los problemas con los que están lidiando:

- **Liderazgo:** "Básicamente, estamos saliendo del paso según avanzamos. Todos hacen muchas cosas diferentes".
- **Comunicación y mercadotecnia:** "No sabemos muy bien cómo hablar sobre lo que ofrecemos, y necesitamos mejorar mucho a la hora de dar a conocer lo que hacemos".
- **Ventas:** "No sabemos cómo cerrar el gran trato; en realidad, cualquier trato. Básicamente estamos recibiendo pedidos, con la esperanza de que entren más pedidos".
- **Productos:** "A las personas les encantan nuestros productos, pero solo compran uno, y después nunca volvemos a oír de ellos".
- **Operaciones:** "Necesito ayuda con la organización de mi empresa para que sea menos frustrante y más productiva".
- **Flujo de caja:** "Siempre estamos sin dinero en efectivo. Parece que nos llegan facturas de la nada".

La lista anterior parece reflejar las seis áreas que crean los mayores dolores de cabeza a los dueños de pequeños negocios. Como son las seis áreas con las que lidian la mayoría de los dueños de pequeños negocios, repito que tendrás que crear productos de *coaching* que ayuden a resolver cada problema. Hablaré más sobre la creación de productos de *coaching* en otro capítulo.

EN TUS CORREOS, ENUMERA TUS PRODUCTOS DE *COACHING* Y DIRIGE EL TRÁFICO DE REGRESO A TU PÁGINA DE INICIO COMO UNA FORMA DE ASEGURAR PEDIDOS PARA TUS PRODUCTOS

Al comenzar a crear correos que fomenten el interés de los clientes, serás tentado a dar respuestas de modo gratuito. No lo hagas. La regla general sobre la mercadotecnia por correo es que das el "porqué" pero vendes el "cómo". **¿Qué significa esto? Significa que puedes hablar todo lo que quieras sobre cuán importante es aclarar tu mensaje de mercadotecnia e incluso mostrar ejemplos del antes y el después de lo que es un mensaje claro, pero reserva el ejercicio que harán los clientes para aclarar su propio mensaje para una sesión pagada. Si un posible cliente quiere experimentar la misma transformación que demostraste en tus correos de alimentación, tendrá que ponerse en contacto contigo y anotarse a tu grupo pequeño o quizás** incluso concertar un taller privado.

Revelar el *porqué* pero vender el *cómo* puede sonar como si estuvieras reteniendo valor al cliente, pero en verdad no es así. La mayoría de tus posibles clientes no se habrán dado cuenta de que su comunicación no era clara hasta que leen tu correo. Dejar saber a un posible cliente que lo que le estás reteniendo es valioso en sí mismo. Para obtener la solución, sin embargo, tendrá que comprar tu tiempo y experiencia.

La clave de una campaña de fomento del interés es esta: debería ayudar a los posibles clientes a diagnosticar y "sentir" sus problemas, lo que, a cambio, aumentará el valor percibido de tus productos.

CIERRA POSIBLES CLIENTES HACIENDO UNA OFERTA

Muchos *coaches* cometen el error de ayudar a los clientes a darse cuenta de que tienen un problema, pero fallan a la hora de dar a conocer los productos que pueden comprar esos clientes y que resuelven esos problemas.

Aunque la campaña de correo que estés creando sea una campaña de fomento del interés, diseñada para generar familiaridad y confianza, de todos modos querrás hablar sobre los productos relevantes que vendes. Si quieres, puedes hacer esto con la incorporación de una sencilla posdata. Al final de cada correo de fomento del interés, simplemente incluye una frase como esta: "PD: Ayudaré a mis clientes de *coaching* a resolver sus problemas de alineamiento de su equipo asesorándolos mediante la creación de una nueva declaración de misión en nuestra primera reunión de grupo pequeño. Si aún no te has apuntado a mi grupo pequeño de *coaching*, puedes hacerlo AQUÍ".

Una frase así al final de cada correo permitirá que los posibles clientes conecten sus problemas con tus productos y también los animará a comprar esos productos. Recuerda que no te dedicas a dar consejos de *coaching* gratuitos. Si quieres vender más de tus servicios de *coaching*, habla sobre tus productos en tus correos y después facilita que las personas los compren.

DEFINE TU ESPECIALIDAD DE *COACHING*

A medida que aumenta tu lista de clientes y estos comienzan a pagar por tus productos de *coaching*, comprobarás que te especializas en unas tres áreas. Eso suele suceder casi siempre. Aunque un buen *coach* de pequeños negocios puede ayudar a un cliente a resolver cientos de problemas, muchos coaches migran solo hacia unas pocas áreas de especialización.

Con el tiempo, te darás cuenta de que aportas a tus clientes sus mayores beneficios cuando les das servicios de *coaching* en tus competencias más fuertes, ya sea la gestión de su flujo de caja o instalar un manual de operaciones y gestión. Tus áreas de especialización saldrán a la superficie, si no lo han hecho aún. Esto será útil a la hora de construir tu negocio de *coaching*, porque cuanto más vean tus clientes las ganancias por sus inversiones en ti, más confianza conseguirás como *coach* y más se extenderá la voz acerca de tus habilidades.

De nuevo, en tu primer año de *coaching* te recomiendo definir tres áreas en las cuales entregar los mejores resultados posibles, y te recomiendo ser cada vez mejor en esas tres áreas. Por supuesto que quizá siempre seas competente en diferentes campos, pero las tres áreas en las que consigues que tus clientes obtengan sus mayores ganancias se convertirán en las puertas abiertas por las que entrarán tus clientes como una manera de contratar tus servicios de *coaching*.

CONSTRUYE TU NEGOCIO DE *COACHING* HACIENDO LAS PREGUNTAS CORRECTAS

Puede que los posibles clientes no se den cuenta de que necesitan un *coach*. La mayoría de los dueños de pequeños negocios están tan ocupados intentando no ahogarse que no se dan cuenta de que nunca aprendieron a nadar.

Cuando hayas escogido tres áreas de problemas en las que enfocarte, te será muy útil memorizar tres preguntas definidas y repetibles que puedas plantear para encontrar posibles clientes y ayudarlos a darse cuenta de que tienen los problemas que tú resuelves.

Por ejemplo, si has escogido vender un producto *fractional* de Jefe de Operaciones en el que ayudas a los negocios a instalar un manual de operaciones y gestión, podrías hacer a los posibles clientes una pregunta como esta:

> "¿Tiene cada miembro de tu equipo una descripción de trabajo clara, o sientes que van improvisando por el camino?".

Si tu posible cliente expresa frustración sobre cuán difícil es organizar a su equipo y que todos sean productivos, tú simplemente dirás:

> "Yo tengo un proceso que resolverá ese problema. Tengo un manual de gestión que puedes instalar en unos noventa días. Dame tu tarjeta y te enviaré la información".

En ese momento, tomas la tarjeta del posible cliente, escribes "gestión" en el dorso, y cuando regreses a tu computadora le enviarás un correo diciendo que fue estupendo conversar con él, dejándole saber que le vas a enviar algunos correos que le ayudarán con su sistema de gestión y productividad, y lo introduces en esa lista segmentada de tu base de datos.

Ese posible cliente recibirá posteriormente cinco o seis correos en los que le darás una perspectiva útil de lo que podría ser un manual de gestión de empresas. Y, claro está, le recuerdas que puedes acudir durante seis meses como Jefe de Operaciones *fractional*, un producto que vendes a un precio estipulado.

Comprobarás que cuando ayudas a un cliente a identificar su problema, posicionas tu producto como la solución para ese problema y después ganas confianza y familiaridad con una campaña específica de fomento del interés, los clientes harán pedidos.

Una vez que tienes hechas tus preguntas de calificación y tu campaña de correos de fomento de interés, desarrollar tu negocio de *coaching* es tan sencillo como comenzar conversaciones y dar seguimiento a posibles clientes calificados.

Si haces las preguntas de calificación a diez posibles clientes, uno de ellos, tras recibir unos cuantos correos tuyos, te llamará y dirá: "Hola, recibí tus últimos correos y me encantaría saber más sobre esta consultoría *fractional* de Jefe de Operaciones. Nuestro negocio es un desastre". En ese momento, le explicarás cómo funciona y cerrarás el trato.

Estas son algunas preguntas de calificación que debemos plantear sobre la base de los seis problemas más urgentes que tus clientes de negocios es posible que tengan:

Liderazgo: ***¿Está enfocado tu negocio en tres prioridades económicas, o te parece que siempre estás buscando dinero desesperadamente?***

Mercadotecnia y comunicación: ***¿Funciona tu mercadotecnia, o batallas para dar a conocer al mundo lo que ofreces?***

Ventas: ***¿Crees que tus esfuerzos de ventas podrían ser más eficaces, o tu equipo está cerrando grandes ventas cada día?***

Optimización de producto: ***¿Te parece que tus márgenes de beneficio se han estado reduciendo?***

Gestión y operaciones: ***¿Tienes un conjunto de reuniones*** *recurrentes que te permiten organizar e informar a tu equipo para que puedas alcanzar tus metas?*

Flujo de caja: ***¿Te sientes contento con tu fondo de emergencia, o siempre sientes que estás sobreviviendo financieramente?***

CÓMO ANUNCIAR QUE ESTÁS HACIENDO UNA TRANSICIÓN HACIA UNA CARRERA DE *COACHING*

Tu búsqueda de posibles clientes calificados es más que un esfuerzo por hacer crecer tu negocio; es un esfuerzo para desarrollar una comunidad de dueños de pequeños negocios a la que puedas pastorear para que tengan éxito. De hecho, si ves tu trabajo como el de un desarrollador de comunidad, tu negocio de *coaching* se construirá solo.

Piensa en tu CRM como en una herramienta de desarrollo de comunidad.

Las siguientes son algunas ideas que te ayudarán a usar tu CRM para desarrollar una comunidad:

Al lanzar tu negocio de *coaching*, envía un correo a todos los que están en tu CRM explicando lo que haces y pidiéndoles que hablen de ti a un amigo. Una buena fórmula para este correo sería algo parecido a esto:

1. Un saludo y un anuncio de que estás comenzando (o haciendo crecer) un negocio de *coaching*.
2. Una lista de los principales problemas que puedes ayudar a las personas a resolver.
3. Un testimonio de éxito ayudando a un cliente a resolver uno o varios de esos problemas.
4. Una llamada a la acción.
5. Una solicitud de referencias.

Este es un ejemplo de cómo podría ser este correo:

ESTIMADO AMIGO:

> Como quizá sepas, he trabajado para la Editorial Acme durante décadas. Mi tiempo en Acme fue muy bueno, y estoy agradecido por las muchas relaciones que desarrollé mientras estuve allí.
>
> El año pasado decidí dejar Acme para sacar partido a mi experiencia y ayudar a más personas que necesiten publicar y promocionar sus libros. Esta es la parte de mi trabajo en Acme que más disfrutaba.
>
> Específicamente, como *coach* puedo ayudarte a ti o a cualquiera de tus conocidos a superar estos desafíos:

- escribir el libro,
- titular el libro,
- preparar el libro para una editorial o para publicarlo tú mismo,
- negociar un contrato con la editorial que más te convenga,
- lanzar el libro para que venda el mayor número de ejemplares posibles en la primera semana,
- conseguir cobertura de los medios de comunicación,
- hacer una buena entrevista en los medios, y
- aprovechar tu libro para desarrollar una carrera como conferencista y consultor.

Esto es lo que dijo la autora de éxitos de ventas Amy Marks sobre nuestras sesiones de *coaching*:

"Sin su ayuda nunca hubiera escrito el libro, y mucho menos habría logrado que se convirtiera en un éxito de ventas. Su sistema es asombroso, fácil de seguir y eficaz. Estoy agradecida por su ayuda".

Si estás pensando en escribir un libro, haz clic AQUÍ para que pueda entender mejor con qué estás soñando. Y, si conoces a algún amigo que haya hablado contigo recientemente sobre escribir un libro, hazme el favor (y también a él) y reenvíale este correo. Me encantaría escuchar más de su sueño de escribir un libro.

¡Espero poder llevar los mejores libros al mundo! ¡Quizá el próximo sea el tuyo!

Atentamente:
DONALD MILLER

Este es otro ejemplo de cómo podría ser un correo si ya tienes un negocio de *coaching* pero te gustaría ampliar tu oferta a otras áreas de conocimiento:

ESTIMADO AMIGO:

> Como quizá sepas, he decidido ofrecer servicios de *coaching* para ayudar a las personas a escribir un libro, lo cual ha sido una experiencia estupenda. Dicho esto, he observado que mientras ayudaba a otros a escribir sus libros, también necesitaban ayuda para gestionar sus equipos. Si estás intentando desarrollar una plataforma personal, es fundamental saber gestionar un equipo pequeño para tener éxito.
>
> Si tú o algún amigo tuyo está lidiando con la gestión del equipo, me gustaría ayudar.
>
> Aprender a dirigir a tu gente resolverá el 80 % de los problemas que no dejan dormir a los dueños de pequeños negocios. A través de mi grupo MasterMind he podido ayudar a cinco dueños de pequeños negocios a alinear a sus equipos en torno a una misión común, incorporar cinco reuniones que reemplazarán a cientos de reuniones que roban su libertad y, lo más importante, convertir a cada empleado en un miembro del equipo que produzca beneficios.
>
> Estoy añadiendo otro grupo MasterMind a mi calendario este otoño, lo cual significa que tengo espacio para otros cinco dueños de pequeños negocios.
>
> Si estás interesado en hablar sobre cómo puedo ayudarte a hacer crecer tu negocio, ten la libertad de hacerme una llamada. Si tienes algún amigo que recientemente te haya mencionado que le vendría bien algo de ayuda,

> especialmente con la gestión de su equipo, reenvíale este correo y pídele que se ponga en contacto conmigo.
>
> Es difícil hacer que un pequeño negocio crezca, pero es mucho más fácil cuando resuelves los problemas de gestión.
>
> Puedes llamarme al XXX-XXX.XXX, o simplemente haz clic en *responder* y me pondré en contacto contigo.
>
> ¡Brindemos por el crecimiento de tu negocio al gestionar tu equipo con confianza!
>
> DONALD MILLER

Un correo que describe un problema y ofrece un producto como solución te resultará eficaz. Mi amigo Brad, un amigo muy talentoso y experimentado que dejó su puesto como director de ventas, envió un correo como este, y a los seis meses estaba facturando 45 000 dólares al mes en *coaching* y consultoría. Te sorprenderá lo bien que un sencillo correo como los que he creado arriba puede hacer crecer tu negocio de *coaching*.

Tras conseguir la dirección de correo de un posible cliente, y cuando ese cliente comience a abrir y leer tu correo, puede que aún no te compre nada. Por este motivo, será bueno que lo invites a probar una pequeña muestra de tu *coaching*, segura y sin riesgo alguno, en forma de una pequeña comunidad que desarrollarás y fomentarás.

A decir verdad, que te den su dirección de correo y lean esos correos ya es un pequeño compromiso; simplemente, no es un compromiso económico todavía. Si tu servicio de *coaching* es caro, no es una compra impulsiva. Necesitarás establecer más confianza.

Lo siguiente con lo que puedes hacer que se comprometan los clientes que aún no pagan, es que se reúnan contigo y te conozcan en persona, y quizás a algunos de esos otros clientes. Aunque esto aún no es un compromiso económico por su parte, es un compromiso que deberías tomar en serio. Si están dispuestos a conocerte y reunirse contigo, están muy cerca de pagarte para que lo hagas de manera regular.

ORGANIZA UN DESAYUNO MENSUAL INFORMAL

Otra idea que te ayudará a seguir desarrollando tu negocio de *coaching* es organizar un desayuno mensual. Piensa en tu desayuno mensual más como una herramienta para desarrollar comunidad que como una herramienta para desarrollar el negocio, sabiendo que tu negocio crecerá de tu comunidad.

De hecho, puedes convertir este desayuno en un evento regular y recurrente, como, por ejemplo, organizándolo el primer lunes de cada mes.

La clave aquí está en invitar a clientes y también a posibles clientes para que los que ya hacen *coaching* contigo se mezclen con quienes están pensando contratarte como *coach*. Este desayuno mensual es un servicio maravilloso para posibles clientes, porque les permite meter los pies en el agua sin tener que comprometerse.

De nuevo, el desayuno mensual deberías reservarlo solo para los clientes y para los candidatos serios a serlo. ¿Por qué es tan importante que los posibles clientes experimenten un poco de tu comunidad? Algunos de tus productos de *coaching* costarán diez, veinte y quizás incluso treinta mil dólares. Estas no son compras impulsivas. Para hacer una compra así, los clientes tienen que haber recibido correos tuyos ofreciéndoles productos de mucho valor, y querrán ver de primera mano el tipo de comunidad que has creado.

Para pedir a clientes calificados que acudan a tu desayuno, simplemente escribe: "Recibo a un pequeño grupo de dueños de negocios una vez al mes para desayunar. Conversamos mucho sobre cómo resolver algunos de los problemas con los que están lidiando. Me encantaría que vinieras. Nos reunimos en Stay Golden en Sidco Lane los lunes a las 7:00 de la mañana. ¿Podrás acompañarnos?".

Aunque tu posible cliente solo acuda a un desayuno, es muy probable que se acuerde de ti años después cuando comience a batallar con algún problema con el que sabe que tú le podrías ayudar.

Ten la libertad de mencionar tu desayuno mensual en tus correos de fomento del interés. Te sorprenderás de cuántos posibles clientes acuden a tu desayuno después de escuchar de ello cuatro o cinco veces en tus correos.

En el desayuno, y en general con los posibles clientes, intenta no hablar sobre tus propias metas y las luchas que estás teniendo para hacer crecer tu negocio de *coaching*. Puedes hablar sobre esas cosas en la comunidad que tienes con otros *coaches*. Este desayuno es para el cliente, y debería enfocarse básicamente en una discusión de *coaching* de grupo para que los dueños de pequeños negocios se sientan (y estén) menos aislados. Considera el desayuno una muestra gratuita de lo que son tus grupos pequeños de *coaching*, pero haz el seguimiento con los nuevos invitados para invitarlos a tu comunidad de pago.

USA PRESENTACIONES DE INTRODUCCIÓN

Otra manera más de desarrollar tu comunidad de *coaching* es dar presentaciones de introducción.

Si has desarrollado una buena presentación de introducción, deberías usarla en conferencias donde se reúnen líderes de negocios. Puedes crear una presentación en una o en todas las áreas en las que ofreces *coaching*, y cuando termines de hablar, recluta posibles clientes de la sala.

Estas son varias ideas sobre dar una gran presentación, y usar esa presentación para reclutar posibles clientes:

- **Comienza la presentación hablando sobre el problema que resuelves.** Una frase que capte la atención para abrir tu presentación de introducción enganchará a la audiencia. Por ejemplo: "Más del 80 % de los dueños de pequeños negocios se sorprenderán por alguna factura de impuestos o de un proveedor este año. Sin embargo, las facturas sorpresa no deberían preocuparte, al menos si usas cinco cuentas corrientes para gestionar ese flujo de caja".
- **Ofrece un generador de posibles clientes con un código QR en medio y al final de tu presentación.** Hemos descubierto que tendrás un aumento del 100 % en el número de personas que te darán su dirección de correo si introduces un generador de posibles clientes y lo haces dos veces durante tu presentación. La primera vez que introduzcas tu generador de posibles clientes estás sembrando una idea; y la segunda vez que lo introduces estás dando a las personas una última oportunidad de recibirlo. Yo he tenido hasta un 98 % de una audiencia optando por mi generador de posibles clientes cuando lo ofrecí dos veces en mi presentación.
- **Replantea el problema que puedes ayudar a resolver a las personas como frase final de tu presentación.** Y después déjales saber qué generador de posibles clientes estás ofreciendo para ayudarles a resolver ese problema. Tus últimas palabras resonarán por mucho tiempo en los oídos de tu audiencia, así que úsalas sabiamente. Si tus últimas palabras son: "No tienes que preocuparte por el flujo de caja, aunque los números no sean tu fuerte. Usar estas cinco cuentas corrientes para gestionar tu negocio te ahorrará miles de dólares y decenas de noches de insomnio. Descarga mi PDF hoy y te enseñaré a configurarlo", cerrarás muchos más tratos de negocio.

REALIZA SEMINARIOS WEB

Similar a dar presentaciones de introducción, también puedes realizar seminarios web.

Incluso antes de hablar en eventos, puedes hacer tus propios seminarios web. Hoy en día puedes hacer un seminario web usando tan solo tu teléfono y una presentación de diapositivas. Un seminario web es realmente solo una presentación gratuita realizada en el internet, y también es un buen lugar para practicar tus habilidades como presentador.

OFRECE UNA EVALUACIÓN

Otro modo de generar posibles clientes es ofrecer una evaluación de negocio gratuita de treinta minutos. En los primeros seis o siete minutos de la evaluación, haz preguntas que revelarán si el posible cliente está lidiando con alguno de los problemas que tú resuelves. Si lo está, explica el marco que necesita instalar y háblale sobre los productos de *coaching* que ofreces que le ayudarán a resolver sus problemas. Muchos de los *coaches* en la comunidad que yo creé usan la misma evaluación de MyBusinessReport.com, la cual ha sido tremendamente útil como una herramienta para hacer crecer nuestros diversos negocios de *coaching*.

Recuerda: al reclutar posibles clientes probablemente solo tendrás entre quince o veinte clientes de pago para crear un negocio de *coaching* que te permita crear riqueza personal. Si puedes convertir el 10 % de los posibles clientes en clientes de pago, eso significa que solo tienes que reclutar cien posibles clientes. Usando las tácticas de las que he hablado en este capítulo deberías ser capaz de hacer eso en un corto periodo de tiempo.

PIDE QUE TE RECOMIENDEN

Si tienes ya una base de clientes, ten la libertad de pedirles que inviten a sus amigos al desayuno mensual o que asistan a un seminario web. Si estás entregando un buen valor de *coaching* a un cliente, a este no le importará hablarles a sus amigos de ti, en especial si les das la oportunidad de invitar a sus amigos a algo concreto. Por ejemplo, cada mes de marzo podrías organizar un seminario web sobre estrategias fiscales que sean específicas para dueños de pequeños negocios. Lo único que tienes que hacer es informar a tu actual lista de clientes sobre el seminario web y enviarles alguna copia que puedan copiar y pegar y usar para invitar a sus amigos.

Las oportunidades para ampliar tu comunidad son interminables. Y, si estás comenzando ahora, será bueno que persigas todas. Si fijas como tu primer objetivo desarrollar una comunidad y como objetivo secundario desarrollar una base de clientes de pago, tendrás éxito.

Tu red de trabajo y la elaboración de tu lista puede que te parezca un proceso lento al inicio, pero te prometo que al final de cada mes te sorprenderás de cuántas tarjetas de negocios, correos y números de teléfono recolectarás y añadirás a tu CRM.

CONVIÉRTETE EN UNA MÁQUINA DE GENERAR POSIBLES CLIENTES

Sin los generadores de posibles clientes, un CRM, una lista segmentada y posteriores correos de seguimiento, te costará trabajo hacer crecer tu negocio de *coaching*. Sí, es posible hacer crecer tu negocio de *coaching* mediante el boca en boca, pero no crecerá tan rápidamente como lo hará usando un CRM; además, usar un CRM te dará un impacto más extenso porque automatizarás la sabiduría y el valor que ofreces como *coach*.

Una vez que esté creado tu CRM, tu calificación de posibles clientes debería tomarte muy poco tiempo. De hecho, el único tiempo que tendrás para emplear animando a un posible cliente calificado es el tiempo que tardas en hacer una pregunta, escuchar la respuesta, e introducir el nombre del posible cliente y su dirección de correo en el segmento apropiado de tu CRM.

> **Una vez que esté creado tu CRM, calificar a un posible cliente y fomentar su interés te tomará unos dos minutos por cada posible cliente.**

Tras haber creado tu CRM, probablemente te preguntarás dónde enviar a esos clientes para que puedan escoger entre tu menú de productos. En los dos capítulos siguientes te ayudaré a remodelar tu página web (y que te ayude a cerrar ventas), y después te mostraré algunos correos de ejemplo que puedes enviar para cerrar el trato.

PASO TRES

CREA UNA BUENA PÁGINA WEB (DISCURSO DE VENTA)

Tras mantener una conversación con un posible cliente, envíalo a una página inicial que le presente con claridad tus productos de *coaching*.

La tarea de tu página web es dar un discurso de venta que ofrezca a un posible cliente la oportunidad de aceptar o rechazar el reto de trabajar contigo. Si acepta el reto de trabajar contigo, estupendo. Ganará mucho dinero porque tú sabes ayudarlo a hacer eso. Si no acepta el reto de trabajar contigo, habrá leído tu oferta y la recordará meses o años más adelante cuando finalmente comprenda que necesita un *coach*.

Hasta aquí, la mayor parte de tu comunicación con posibles clientes ha estado desglosada en conversaciones casuales, una campaña de correo de fomento del interés de posibles clientes, y el boca a boca. El motivo por el cual los posibles clientes visitarán tu página web, por lo tanto, es para ver de qué se trata y qué significa toda esta charla sobre *coaching*. Por esa razón, tu página web de *coaching* tiene que hacer tres cosas:

1. Comunicar claramente el valor que ofreces.
2. Mostrar tu menú de productos.

3. Explicar los pasos que puede dar un posible cliente a fin de tenerte a ti como *coach*.

Con tristeza veo que la mayoría de los *coaches* no tienen ninguna página web. Lo comprendo. ¿Cuán bueno puede ser un *coach* si tiene que promoverse a sí mismo? ¿No es cierto? Un buen *coach*, ¿no desarrollaría su negocio de *coaching* mediante el boca en boca? Sin embargo, si lo piensas, no crear una página web y esperar que tu negocio de *coaching* vaya a aumentar mediante el boca en boca significa en realidad dos cosas: orgullo y temor. Nuestro orgullo quiere que la gente espere en fila para recibir nuestros servicios sin que tengamos que promocionarnos, y nuestro temor no quiere hacer una oferta firme en una página web porque, bueno, exactamente no creemos lo suficiente en nosotros mismos para vendernos.

Como sabes, el 65 % de los pequeños negocios fracasan, y al menos ese mismo porcentaje de negocios de *coaching* también fracasan. Uno de los motivos por el que fracasa un negocio de *coaching* es porque el *coach* se rinde ante el orgullo o el temor. Al desarrollar cualquier pequeño negocio, lo que es humilde y seguro es expresar tu oferta claramente y con seguridad en forma de una página web.

LOS BENEFICIOS DE TENER UNA PÁGINA WEB DE *COACHING* VAN MÁS ALLÁ DE DESARROLLAR UN NEGOCIO BÁSICO

Otro motivo para crear una página web es porque significa un estándar para casi cualquier negocio que quiera tener éxito. Tus clientes de *coaching* necesitarán una página web clara y atrayente a fin de hacer crecer sus negocios y, por lo tanto, es probable que tendrás que asesorarlos con respecto a lo que esa página web necesita hacer y decir. Si tus clientes de *coaching* observan que tú no tienes una página web, se preguntarán por qué no practicas lo que predicas. Aunque no sea por otra cosa, al tener una página web darás un ejemplo a tus clientes de cómo vender con audacia sus productos y desarrollar sus propios negocios.

La razón principal por la que creo que deberías crear una página web, sin embargo, es porque al hacerlo cultivarás más confianza en tus habilidades como *coach*.

El proceso de hacer un esquema de una buena página web, del que te hablaré en este capítulo, te ayudará a interiorizar el valor extremo que ofreces como *coach*. Sabrás que has de ser competente al ofrecer tu trabajo, y el mundo también lo sabrá. Además, también recolectarás testimonios acerca de los éxitos que ayudaste a conseguir a otros, y pondrás esos testimonios en tu página web para que todos sepan quién eres y lo que puedes hacer. En lugar de esconder tus competencias y esperar que se difundan de boca en boca, usarás tu página web para poner palabras en las bocas de personas y así asegurar que están hablando sobre ti, diciendo y pensando lo que tú quieres que digan y piensen.

TU PÁGINA WEB ES UN PEQUEÑO PASO IMPORTANTE EN EL VIAJE DE COMPRA DE TU CLIENTE

Tu página web además actuará como otro paso que pueden dar las personas para entrar en la comunidad de *coaching* que tú has creado. Tu página web podría ser también la vía principal de recolectar posibles clientes. Si un posible cliente visita tu página web y no está listo para hacer un pedido, por ejemplo, le pedirás que descargue un PDF que le ofrece información gratuita y valiosa. Entonces, más adelante mediante una campaña de correos electrónicos le venderás uno de tus productos de *coaching*.

Para la mayoría de los dueños de negocios, decidir contratar a un *coach* no es una decisión impulsiva. El *coaching* es con frecuencia caro y, además del dinero, requerirá un compromiso de una cantidad de tiempo significativa. Para tomar una decisión como esta, los posibles clientes necesitarán entender exactamente lo que van a obtener y por qué vale la pena invertir en eso que van a obtener. No hay ningún lugar donde serás capaz de dejar tan clara tu oferta como en tu página web. Cuando un posible cliente llega a tu página web, *espera* que tú le hables de tus servicios; si no haces eso, no te respetará a ti o a tu oferta, y acudirá a otra persona en busca de ayuda.

Si quieres ver muestras de páginas web de *coaching* que funcionan, mi equipo y yo creamos un PDF de nuestras veintisiete páginas web favoritas de *coaching*. Cada uno de esos sitios fue creado por *coaches* que están ganando más de 100 000 dólares en sus negocios de *coaching*. De hecho, muchos de ellos están ganando cuatro o cinco veces esa cifra. Si te gustaría ver muestras de páginas web de *coaching* que funcionan, lee el PDF en CoachBuilder.com.

Aunque tu página web puede contener muchas ideas e imágenes, veamos siete secciones que todo coach de negocios debería incluir a fin de interesar a posibles clientes y convertirlos en clientes que pagan por tus servicios.

HAGAMOS UN ESQUEMA DE TU PÁGINA WEB

El primer paso cuando se trata de crear una página web estupenda es hacer un esquema del sitio, de manera que refleje de modo preciso tu oferta única al mundo. Un esquema de página es un bosquejo básico solamente de texto de tu página web. El texto, después de todo, es la parte más difícil (y más importante) de hacer bien. Tu diseñador puede añadir las selecciones de los logos, tipos de letra, imágenes y color cuando se haya creado el esquema de la página; pero sin una oferta fuerte en forma de palabras reales no desarrollarás tu negocio de *coaching*.

Las palabras que hay en tu página web son tan importantes como el esquema de colores, el estilo y el diseño de la propia página. Los clientes no solo hacen pedidos basándose en lo que tu marca comunica; lo hacen basándose en las palabras que leen y que les inspiran a querer hacer esos pedidos.

TU PÁGINA WEB DEBERÍA DISCURRIR COMO UN BUEN DISCURSO DE VENTA

Las relaciones de *coaching* son como cualquier otra relación en cuanto a que atraviesan tres fases. La primera fase es la curiosidad, la segunda es el conocimiento, y la tercera es el compromiso.

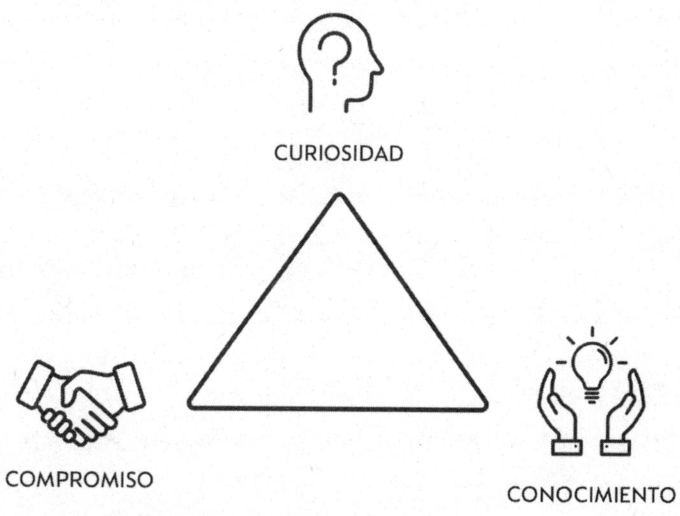

Si queremos cerrar ventas, tenemos que guiar a los posibles clientes a recorrer las tres fases de toda relación saludable. Haremos eso en nuestra página web, en nuestros captadores de posibles clientes, y mediante nuestras campañas de correo de fomento del interés del cliente.

En lo relativo al *coaching*, los posibles clientes solamente sentirán curiosidad sobre ti si comprenden que puedes ayudarlos a sobrevivir y prosperar. Concretamente, si eres un *coach* de negocios deben comprender todas las maneras en que puedes ayudarlos a hacer crecer su pequeño negocio. Después de despertar la curiosidad de tus futuros clientes, querrán saber exactamente cómo puedes ayudarlos a hacer crecer sus negocios y seguirán leyendo con la esperanza de que les iluminarás y les darás conocimiento. Después de recibir ese conocimiento, y solamente después de ser iluminados, decidirán comprometerse, lo cual significa que te contratarán para que seas su *coach*.

No puedes saltarte una de las fases en la relación. Si solicitas un compromiso demasiado pronto, tu posible cliente se alejará con tanta rapidez como se alejaría alguien si le pidieras que se casara contigo en la primera cita. Estas cosas toman tiempo, y así debe ser. El *coaching* es un compromiso y una inversión serios.

Cuando tu posible cliente vaya leyendo tu página web, cada sección debería sentirse como un encuentro secuencial. Me refiero a que la primera sección de tu página web es como una primera cita, y eso significa que en realidad solo le dejas saber al cliente a grandes pinceladas cómo puedes ayudarlo. La segunda sección es como una segunda cita, y por eso puedes hablar un poco más acerca de lo que ofreces. La tercera sección te permitirá decir todavía más cosas, y así sucesivamente. Mientras más tiempo permanezca un posible cliente en tu página web, más interesado está en tus servicios y, por lo tanto, más texto puedes usar para explicar lo que ofreces.

La página web que estoy a punto de mostrarte, junto con el captador de posibles clientes y los posteriores correos de seguimiento que crearás en un capítulo posterior, están pensados para despertar la curiosidad de tus clientes, darles conocimiento acerca de cómo puedes ayudarlos a hacer crecer su negocio, e invitarlos a comprometerse comenzando una relación de *coaching* contigo.

El objetivo global de tu página web es invitar a los clientes a una historia en la cual sus problemas pueden resolverse y sus vidas pueden mejorar al tenerte a ti como *coach*. Si mantienes en mente esa idea central, tu página web producirá clientes.

***

El texto en esta página web de ejemplo utiliza lenguaje de mercadotecnia y texto pensado para un coach de negocios. Para el mayor éxito, edita el texto para tu propio servicio de coaching.

Sin duda, puedes ser creativo en lo que respecta a crear una página web, pero a continuación tenemos la estructura y el orden que yo recomiendo:

SECCIÓN UNO: LA CABECERA

La cabecera es la sección principal de tu página web. Es lo primero que verán las personas cuando visiten tu dominio. Para despertar la curiosidad de tus futuros clientes, tu cabecera debería comunicar con claridad tres cosas:

1. **Lo que ofreces:** lo primero que tienes que hacer en la cabecera de tu página web es decirle a la gente exactamente en qué negocio estás. Eres un *coach*; concretamente, eres un *coach* de pequeños negocios. No supongas que la gente sabe lo que haces solamente porque se lo dijiste cincuenta veces. Cuando mantenemos una conversación casual, la mayoría de las personas no están escuchando y por eso tendrás que repetir lo que ofreces varias veces si quieres asegurarte de que te entiendan. Por lo tanto, en la cabecera de tu página web hazles saber que eres un *coach* y que puedes ser uno para ellos en sesiones

individuales, grupos MasterMind, grupos pequeños o en talleres (es decir, si quieres facilitar talleres).

2. **Cómo puede mejorar la vida de tus futuros clientes lo que tú ofreces:** nadie quiere apuntarse a recibir asesoría, pero todo el mundo quiere apuntarse a ver crecer su negocio. No supongas que las personas conocen los resultados que obtendrán si contratan tus servicios. En cambio, díselo. Si eres un *coach* de pequeños negocios, les ayudarás a aumentar ingresos y beneficios. Y, más que eso, les darás paz mental, noches de sueño reparador, buen ánimo en el equipo, balance entre trabajo y vida, y un negocio del que puedan estar orgullosos. No confíes en que los futuros clientes averiguarán por sí mismos lo que les ofreces. Si no les dices a tus clientes cómo cambiarás sus vidas, ellos nunca entenderán por qué deberían comprarte alguno de tus servicios.

3. **Lo que ellos necesitan hacer para trabajar contigo:** deja saber a los posibles clientes cuál será el paso siguiente si quieren hacer negocios contigo. ¿Tienen que llamarte, llenar una aplicación o participar en una llamada inicial de treinta minutos? Muchos *coaches* han perdido a un cliente, aunque el cliente quería tener una relación de *coaching*, solo porque el *coach* no le dio instrucciones claras acerca de cómo obtener sus servicios de *coaching*.

No te preocupes por hacer mucho más que comunicar estas ideas en la cabecera de tu página web. Recuerda que la cabecera es la primera cita. Tu tarea en la cabecera de tu página web es hacer una sola cosa: despertar la curiosidad de tus futuros clientes acerca de cómo puedes ayudarlos a hacer crecer su negocio.

Jones
Coaching de negocios

Haz una llamada para saber más

Te ayudo a optimizar tu pequeño negocio para obtener ingresos y beneficios

Haz una llamada para saber más

- Coaching individual
- Talleres de ventas y liderazgo
- MasterMinds

NOTAS SOBRE LA SECCION DE LA CABECERA

Aunque utiliza muy pocas palabras, esta cabecera deja saber al futuro cliente lo que ofrece el *coach*, cómo puede lograr mejorar su vida, y lo que el futuro cliente necesita hacer para contratar los servicios del *coach*. Es decir, el *coach* ofrece *coaching* de pequeños negocios, lo hace mediante *coaching* individual, talleres y MasterMinds (grupos maestros); y si el cliente contrata al *coach*, este le ayudará a optimizar su negocio para obtener ingresos y beneficios. Además, la llamada a la acción es clara: haz una llamada para saber más. Cuando la cabecera de una página web es así de sencilla y clara, no hay ninguna confusión acerca de lo que hace ese *coach*, qué productos vende y cómo se beneficiará el cliente. Una cabecera como esa debería despertar la curiosidad del cliente, y cuando lo haga, seguirá mirando la página para conocer más sobre por qué (y cómo) tus servicios de *coaching* podrían funcionar en su caso.

SECCIÓN DOS: LOS RIESGOS

Ahora que has ofrecido valor a tu posible cliente, querrás recordarle que hay riesgos en juego si no acepta tu oferta. El motivo por el que querrás incluir riesgos en la historia a la que estás invitando a futuros clientes es porque al incluir riesgos comunicas la urgencia que supone hacer uso de tus servicios de *coaching*.

Al describir los problemas y frustraciones que ayudas a evitar a los dueños de pequeños negocios, también estás dejando saber qué problemas puedes ayudar a resolver al cliente, y estás aumentando el valor percibido de tus productos de *coaching* (mientras más difícil es resolver un problema, más valioso será el producto que lo resuelve).

La sección de riesgos o problemas de tu página web podría verse parecido a lo siguiente:

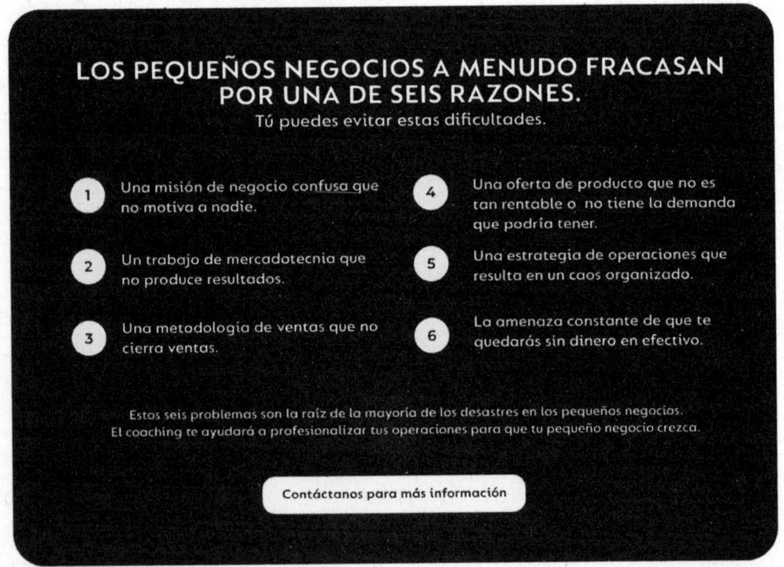

NOTAS SOBRE LA SECCIÓN DE RIESGOS

Tu capacidad de resolver los problemas con los que batallan tus posibles clientes es la única razón por la cual querrán contratar tus servicios de *coaching*. Si describes claramente esos desafíos, los clientes tendrán más probabilidades de pulsar tu botón de "llamada a la acción". Recuerda: el problema es el gancho. En cuanto un futuro cliente identifica su problema en tu página web, comienza a prestar atención. Si no hablas sobre los problemas de tus posibles clientes, se irán de tu página web y buscarán una solución a su problema en otro lugar.

SECCIÓN TRES: EL MENÚ DE SERVICIOS

Piensa en todo el valor que has comunicado hasta ahora en esta página de inicio. Has hecho una oferta clara, le has dicho al posible cliente qué problemas puedes ayudarlo a resolver, y le has invitado a dar un paso pequeño y fácil hacia contratarte como *coach*. La mayoría de las páginas web de *coaching* (es decir, si el *coach* tiene una página) no son tan claras. Y todavía no has terminado con lo que tienes que ofrecer.

Cuando tu futuro cliente llegue a la tercera sección de tu página web, ya está en la tercera cita. Está interesado. Está dispuesto a pasar más tiempo contigo. Eso significa que puedes hablar un poco más sobre lo que ofreces y explicar tus servicios con más detalles. Te has ganado el derecho a ser escuchado.

Ahora que ya le has hecho saber lo que ofreces y qué problemas puedes ayudarlo a resolver, detallemos el valor en términos prácticos para que sepa exactamente cómo se verá su vida si te contrata como *coach*. Dale a tus futuros clientes una lista de productos que pueden utilizar a fin de resolver sus problemas.

Mis clientes pueden contratarme para hacer crecer sus negocios de cinco maneras diferentes:

Escuela de vuelo para pequeños negocios

COSTO $2500

En esta experiencia virtual de seis meses recibirás un video y un ejercicio cada semana junto con una lista de chequeo de cosas que puedes hacer para que tu pequeño negocio crezca. Haz clic abajo para comenzar ahora.

REGÍSTRATE AHORA

MasterMind de la escuela de vuelo para pequeños negocios

COSTO $5000

El grupo MasterMind de la escuela de vuelo para pequeños negocios se reúne en persona, una vez por semana, para dialogar sobre el ejercicio de esa semana. Los MasterMind de la escuela de vuelo cuestan $5000. Para registrarte, haz clic abajo.

REGÍSTRATE AHORA

Coaching individual de la escuela de vuelo

COSTO $7500

Reuniones individuales conmigo para optimizar tu negocio y aumentar ingresos y beneficios. Si prefieres mi atención individualizada en lugar de trabajar en un grupo pequeño, esta opción es para ti. Puedes aplicar para mis sesiones de coaching individual haciendo clic en el botón de abajo.

APLICA AHORA

Taller de principios rectores

COSTO $7500

Todo comienza con una visión convincente. Si te gustaría renovar tus principios rectores, es decir, tu declaración de misión, valores centrales y más, se puede hacer en un solo día. Apúntate abajo en el taller de principios rectores.

APÚNTATE AHORA

Taller de entrenamiento de ventas

COSTO $7500

La mayoría del entrenamiento de ventas es filosófico, pero el nuestro es práctico. Abriremos nuestras computadoras y enviaremos correos a clientes justo ahí en la sala. Te mostraré cómo hablar con los clientes de tal modo que comiencen a hacer pedidos. Haz clic abajo para reservar un taller.

RESERVA UN TALLER

NOTAS SOBRE LA SECCIÓN DE MENÚ DE SERVICIOS

Cuídate de no decir demasiado sobre tus productos en esta sección. Tu posible cliente estará echando un vistazo a tu página web, de modo que si usas demasiado texto puede cansarse de leer y saldrá de ella. Simplemente incluye una breve descripción de tu producto, o tal vez incluye un vínculo a cada producto para que tenga su propia página de inicio en la cual hables de ese producto específico.

SECCIÓN CUATRO: PRUEBA DE VALOR

Ahora que tus clientes saben lo que ofreces y comprenden cómo puedes cambiar sus vidas, tendrán una pregunta: ***¿Funcionará el coaching para mí?***

Para demostrar que tus productos de *coaching* funcionarán para un posible cliente, considera incluir estadísticas y testimonios.

Por ejemplo, si el 47 % de tus clientes duplican su beneficio tras unirse a tu grupo MasterMind insignia, incluye esa información en esta sección de tu página web. Si otro 23 % experimenta por lo menos un aumento de un 50 % en los beneficios globales tras participar en tu MasterMind, haz que también esa información esté clara.

> Las estadísticas ofrecen prueba de valor. Al recolectar estadísticas sobre el éxito de tus clientes, querrás mostrar aquí esa prueba.

Si no tienes ninguna estadística todavía, considera incluir testimonios. Los testimonios son igualmente valiosos como estadísticas. Cuando un futuro cliente lee sobre uno de tus clientes anteriores que experimentó éxito mediante tu *coaching*, ve a ese cliente como una versión futura de sí mismo, en especial si es un pequeño negocio de tamaño similar o está en una industria similar. Cuando incluyas testimonios, entonces, asegúrate de incluir una variedad diversa de negocios, incluyendo *de negocio a negocio* y también *negocio de empresa a consumidor*. Además, si es posible, asegúrate de incluir negocios en línea, tiendas físicas y negocios del sector servicios.

La idea es esta: quieres que tus futuros clientes "se vean a sí mismos" en los testimonios que hay en tu página web.

No te preocupes si no tienes muchos testimonios. Literalmente, puedes comenzar con uno y añadir más a medida que cambias más vidas.

Dicho eso, no olvides seguir recolectando testimonios. Mientras más testimonios haya, mejor.

NOTAS SOBRE LA SECCIÓN DE PRUEBA DE VALOR

Toda buena historia tiene lo que se denomina una "escena clímax" que se anuncia a lo largo de la propia historia. Sabemos al inicio de una película, por ejemplo, que alcanzará su punto más alto cuando el héroe derrote al villano y después desactive la bomba, o cuando la pareja que está enamorada se case. Al ir anunciando una escena clímax, el narrador despierta la curiosidad de la audiencia en cuanto a cómo y si realmente sucederá la escena. En la sección de prueba de valor de tu página web esencialmente estás anunciando un gran escenario que tu posible cliente puede imaginar para su vida. Al imaginar esta escena, es más probable que entre en la historia a la que le estás invitando a entrar, porque habrá visualizado y entendido mejor dónde puedes llevarlo.

SECCIÓN CINCO: EL PLAN

En este punto tu discurso va estupendamente. Tus posibles clientes saben exactamente qué ofreces, por qué tiene importancia para ellos, y lo que necesitan hacer de manera puntual para dar el paso siguiente. Sin embargo, muchos de tus posibles clientes siguen sin hacer una compra. ¿Por qué? Porque el cambio da miedo. Y el *coaching* es caro.

Lo que queremos hacer a continuación, entonces, es construir un puente desde el problema del cliente (su negocio no está creciendo al ritmo que quiere que crezca) hasta tu solución (los productos de *coaching* que ofreces pueden lograr que su negocio vuelva a crecer). Para construir ese puente tendremos que dar a nuestros posibles clientes pequeños pasos que puedan tomar para contratar nuestros servicios.

Muy pocas personas leerán acerca de tus servicios de *coaching* y después sacarán su tarjeta de crédito para hacer un pedido; sin embargo, muchas personas puede que quieran dar un pequeño paso en esa dirección. Después de dar el primer paso es más probable que den otro, y cuando hayan dado un par de pasos es más probable que den el paso final y se comprometan.

Cuando incluyes en tu página web un plan de tres pasos, desglosas el proceso de trabajar contigo y lo conviertes en inversiones más pequeñas de tiempo y dinero que hacen que el compromiso de trabajar con un *coach* sea menos intimidante.

¡Trabajar con un coach es fácil!

Haz una llamada inicial

En una llamada inicial de treinta minutos, tú y yo hablaremos de lo que te está reteniendo y dónde quieres que vaya tu negocio.

Consigue un reporte personalizado

Te enviaré un reporte personalizado sobre cómo podríamos trabajar juntos para hacer crecer tu pequeño negocio. Hacer crecer un negocio es mucho más fácil si tienes un plan. En el paso dos te mostraré tu plan.

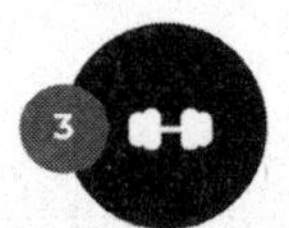

Disfruta de un negocio que crece

En solo seis meses no te reconocerás a ti mismo o tu negocio. Pasarás del caos a la eficiencia y de la confusión a la confianza. Y ganarás más dinero.

Contáctanos para más información

NOTAS SOBRE LA SECCIÓN DEL PLAN DE TRES PASOS

Ofrecer a los posibles clientes pequeños pasos aumenta las probabilidades de que te contraten; sin embargo, ten cuidado con cuántos pasos les ofreces. Incluir más de tres pasos podría intimidar a posibles clientes. La clave en esta sección de la página web es lograr que el proceso de contratarte y trabajar contigo se vea sencillo, seguro y fácil. Además, incluir un plan de tres pasos ofrece a tu futuro cliente un paso siguiente que es mucho más fácil de dar que el compromiso gigantesco de contratarte en el momento.

El plan de tres pasos es un puente. Muy pocas personas averiguarán cómo cruzar el barranco para contratarte a menos que construyas un puente. Utiliza un plan de tres pasos para construir ese puente.

SECCIÓN SEIS: EL PÁRRAFO DE EXPLICACIÓN

Si incluyes las cinco secciones anteriores en tu página web, muchos posibles clientes te contratarán. Aun así, hay algunos clientes ahí afuera que querrán hacer la diligencia debida antes de gastar la cantidad de dinero necesaria para contratar a un coach. Para quienes les gusta investigar un poco, lo que necesitas es una explicación más extensa y de estilo conversacional de por qué trabajar contigo como *coach* es tan importante.

He tenido muchos, muchos clientes que me han dicho que decidieron contratar mis servicios solamente tras leer la sección del párrafo de explicación en una de mis páginas de inicio. ¿Por qué? Creo que hay dos motivos: el primero es que el párrafo (o párrafos) de explicación está escrito como un discurso de venta de gran formato. Me refiero a que cuando el cliente lee los párrafos de explicación en mi página web, lo estoy invitando a una historia en la cual él o ella desempeña el papel del héroe que batalla con un problema, y que entonces utiliza mis productos y servicios para resolver su problema.

El párrafo de explicación que recomiendo utiliza el marco de venta "el cliente es el héroe", un marco que te mostraré en el capítulo siguiente.

Dicho eso, a continuación tenemos párrafos de explicación como podrían verse en tu página web.

Ya es bastante difícil construir un negocio.
No tienes que construirlo tú solo.

Construir un negocio es difícil. Necesitas crear correctamente tu misión, luego tu mensaje de mercadotecnia, después tu discurso de ventas, luego tus productos, después tu gerencia y operaciones, y finalmente tu gestión del flujo de caja. Muy pocos dueños de pequeños negocios entienden cómo manejar los seis pilares necesarios de un negocio fuerte, y por eso la mayoría de los pequeños negocios fracasan.

Agenda tu llamada de información hoy y comencemos a construir el pequeño negocio de tus sueños. Para hacer tu llamada inicial, simplemente haz clic abajo.

Contáctanos para más información

NOTAS SOBRE LA SECCIÓN DEL PÁRRAFO DE EXPLICACIÓN

Cuando tu párrafo de explicación utiliza el marco de venta "el cliente es el héroe", no tiene que ser largo. Incluso cuando tu futuro cliente lea esta sección de tu página web se encenderán las bombillas y finalmente comenzará a ver que es una oportunidad que no puede dejar pasar.

SECCIÓN SIETE: TU CAPTADOR DE POSIBLES CLIENTES

Si has incluido las seis secciones de una página de inicio de un *coach* que he descrito anteriormente, probablemente cerrarás el trato con varios clientes; sin embargo, sigue habiendo muchos clientes que quieren tener más información o que necesitan una pista más larga para sentirse cómodos con la idea de contratar a un *coach*. No querrás perder a un cliente solamente porque no esté preparado para contratarte de inmediato. Para esos futuros clientes incluiremos una estrategia de seguimiento que nos ayudará a mantener el contacto y seguir construyendo más familiaridad y confianza.

La mayoría de los futuros clientes no optarán por tu boletín informativo o te darán su dirección de correo electrónico para que puedas "mantener el contacto". En cambio, solamente te darán su dirección de correo a cambio de algo de valor.

La siguiente sección que deberás incluir en tu página web es un anuncio en tu sección para captar posibles clientes. No solo necesitarás un anuncio para captar posibles clientes en tu página web, sino que también necesitarás un anuncio emergente en esa sección. Te mostraré buenos ejemplos de captadores de posibles clientes en el capítulo siguiente. Por ahora, has de saber que el propósito de esta sección en tu web es recolectar direcciones de correo para así poder hacer un seguimiento a esos prospectos y seguir ganándote su confianza.

Con el tiempo descubrirás que una ligera mayoría de tus clientes contratarán tus servicios de *coaching* porque recibieron los correos que les enviaste. En otras palabras, más del 50 % de tu futuro negocio depende de que puedas crear un captador de posibles clientes y hagas un seguimiento con correos automatizados semanales (como mínimo) durante un periodo de tiempo extenso.

NOTAS SOBRE TU CAPTADOR DE POSIBLES CLIENTES

Puedes utilizar varios captadores de posibles clientes al mismo tiempo como un modo de calificar diferentes segmentos de clientes. Tus opciones de captadores de posibles clientes son prácticamente ilimitadas. Igual que con todas las secciones de esta página web, personaliza tu captador de posibles clientes para que encaje mejor en el tipo de *coaching* que tienes intención de ofrecer.

***

Si creas una página web de *coaching* con las secciones que te he mostrado, tu negocio de *coaching* crecerá.

Tu página web indudablemente puede incluir más secciones de las que yo he incluido aquí, pero estas secciones son las que creo que no son negociables. Además, son las únicas secciones que en realidad necesitan la mayoría de los *coaches*. Si creas una página web utilizando estas siete secciones, tu negocio de *coaching* crecerá.

En el capítulo siguiente te mostraré algunas ideas de captadores de posibles clientes y también compartiré muestras de correos electrónicos que puedes enviar a posibles clientes cuando visitan tu página web. Cuando mantienes el contacto con ellos por correo electrónico los harás avanzar cada vez más para dejar atrás las fases de curiosidad y conocimiento de una relación, y convertirla en una disposición a hacer un compromiso y contratarte como *coach*.

Repito: el beneficio principal de crear una página web para tus servicios de *coaching* es ayudar a los clientes a avanzar más hacia el viaje de contratarte y que sus vidas cambien mediante tus servicios de *coaching*. Sin embargo, ese no es el único beneficio.

Al hacer un esquema de tu página web también estarás aclarando tu oferta, de modo que *tú mismo* entiendas mejor tu valor como *coach*.

El proceso de hacer un esquema de tu página web puede demostrar ser transformador para ti. Antes de hacer un esquema de tu página web, puede que no creas plenamente en ti mismo o en tus servicios, pero a medida que desarrollas tu discurso de venta en forma de página web, descubrirás que crees cada vez más plenamente en ti mismo y en lo que ofreces. Asegúrate de continuar con este paso.

De nuevo, si quieres ver ejemplos de veintisiete páginas web de coaching efectivas de coaches que están teniendo éxito en sus diversos campos (no solo en el coaching de negocios), visita CoachBuilder.com.

PASO CUATRO

APRENDE A REDACTAR CORREOS BUENÍSIMOS QUE CIERREN EL TRATO

Después de conocer los productos que vas a ofrecer, tener una lista de posibles clientes y haber aclarado tu oferta en forma de una página web, querrás hacer un seguimiento a los posibles clientes utilizando correos electrónicos sencillos y automatizados que alimenten las nuevas relaciones que estás construyendo con aquellos posibles clientes.

El motivo por el cual tienes que alimentar esas nuevas relaciones de negocios mediante una campaña de correo automatizado es porque contratar a un *coach* no es una decisión impulsiva. Y como no es una decisión impulsiva, querrás ganarte la confianza de los posibles clientes durante un largo periodo de tiempo.

> Las personas tienden a comprar productos y servicios de marcas y líderes que les resultan familiares, y la familiaridad no se produce con rapidez.

¿Cuál es la fórmula para ganarse la confianza? Es la siguiente: valor a lo largo del tiempo.

El mejor modo de llevar a un grupo grande de futuros clientes a atravesar las tres etapas de la relación (es decir, curiosidad, conocimiento y compromiso) es conseguir su dirección de correo y enviarles correos electrónicos durante seis a doce (o hasta cincuenta y dos) semanas consecutivas.

Otro de los motivos para mantener el contacto con los posibles clientes durante un periodo de tiempo largo es porque los clientes de *coaching* no tienden a contratar a un *coach* porque están convencidos de la idea de contratar a un *coach*. Tienden a contratarlo porque entraron en una ventana en la cual sus problemas y frustraciones los llevaron a tomar la decisión de contratar a un *coach*. Y eso solamente sucede si has mantenido el contacto con ellos el tiempo suficiente para llevar la familiaridad a su zona de compra.

La clave para hacer crecer tu negocio de *coaching*, por lo tanto, es asegurarte de que los posibles clientes estén familiarizados contigo y con los productos de *coaching* que ofreces durante el periodo de tiempo en el cual están experimentando un reto en su negocio.

Si los posibles clientes preguntan acerca de tu servicio y **tú** no sigues enviándoles correos que les recuerden que existes mucho después de establecer el primer contacto contigo, hay muchas probabilidades de que te hayan olvidado poco tiempo después cuando se encuentren con un reto en su negocio. Nada —y repito, *nada*— hará crecer tu negocio de *coaching* con más rapidez que si mantienes el contacto con posibles clientes antes, y especialmente durante una experiencia de frustración por su parte.

La razón principal para crear una campaña de correos automatizados no es vender tu servicio a posibles clientes, sino ampliar la fase de conocimiento del viaje del cliente el tiempo suficiente para que cubra la etapa de frustración que tus clientes de *coaching* probablemente atraviesen. Cuando tu captador de posibles clientes recolecte direcciones de correo, y tus correos automatizados extiendan el tiempo que ellos te conocen, descubrirás que el aprecio por tu sabiduría como *coach* crece, y el resultado es que vendes más de tus productos de *coaching*.

USA CAPTADORES DE POSIBLES CLIENTES PARA QUE ELLOS PUEDAN DAR UN SIGUIENTE PASO CON SEGURIDAD

La mejor manera de asegurarte direcciones de correo no es simplemente pedirlas, aunque eso es fundamental. Se trata de pedir una dirección de correo a cambio de una información valiosa. En el lenguaje de la mercadotecnia denominamos con frecuencia a estos valiosos conocimientos "captadores de posibles clientes". Crear un captador de posibles clientes y enviarles correos posteriores que alimenten el boca en boca hará que sea mucho más fácil que tu negocio de *coaching* crezca.

Los *coaches* con los que he trabajado y que han creado captadores de posibles clientes seguidos por correos automatizados de mantenimiento aumentaron su negocio de *coaching* con mucha más rapidez que quienes no lo hicieron. Y aunque pueda parecer intimidante intentar crear cierto tipo de captador de posibles clientes y firmarlo con tu nombre, no es tan difícil.

Yo construí mi negocio inicial con un captador de posibles clientes llamado "Cinco cosas que debería incluir tu **página web",**

y lo amplié todavía más con una serie de video titulada "Cambio de imagen de *marketing* en cinco minutos". Desde entonces, he creado decenas de captadores de posibles clientes, incluyendo archivos PDF, *podcasts*, seminarios web, eventos en vivo y minicursos. Sin duda, mi negocio se estaba construyendo sobre el poder de los captadores de posibles clientes y correos de seguimiento, y el crecimiento de tu negocio puede ser generado mediante estrategias parecidas.

Dicho esto, ¿qué clase de captador de nuevos clientes deberías crear?

Depende. Querrás que tu captador de posibles clientes haga dos cosas: **calificar posibles clientes** y **crear confianza y familiaridad.**

¿Quién es tu cliente perfecto? Es el cliente con el que te gusta trabajar y para el que puedes conseguir los mejores resultados. En lo relacionado con el *coaching* de negocios, algunos *coaches* son estupendos en ayudar a sus clientes a crear su plan de mercadotecnia y ejecutarlo. Otros son excepcionales en ayudar a sus clientes a saber cómo encontrar nuevas fuentes de ingresos y establecer un flujo de caja fuerte y saludable. Otros son estupendos en lanzar productos o gestionar una transición de liderazgo. Incluso puedes especializarte en ayudar a los dueños de pequeños negocios a prepararse para vender sus empresas.

Cuando se trata de crear un captador de posibles clientes, la pregunta que debes plantear es la siguiente: "¿Cuál es el principal problema que quiero ayudar a resolver a mis clientes?". Cuando respondas esta pregunta, querrás crear un captador de posibles clientes que atraiga a clientes que están batallando con ese problema concreto.

Por ejemplo, si quieres trabajar con clientes que tienen el desafío de la tensión interna en su equipo de liderazgo, podrías crear un captador de posibles clientes llamado "El equipo de liderazgo perfecto: los tres roles esenciales que necesitas para gestionar cualquier pequeño negocio".

Los captadores de posibles clientes se denominan en ocasiones "imanes de posibles clientes", porque están pensados para atraer al tipo de clientes con los que quieres trabajar.

Muchos *coaches* utilizan una sencilla evaluación para atraer a posibles clientes. Tras enviar la evaluación, el *coach* hace que el futuro cliente participe en una llamada telefónica y evalúa el reporte personalizado de ese cliente; luego lo alienta al destacar las áreas de debilidad en el negocio del cliente pero que puede beneficiarse de los productos de *coaching* que ofrece para fortalecer esas áreas.

Incluso, si el cliente declina la invitación a contratar los servicios del *coach* tras tomar la evaluación y que el *coach* haga una sesión de evaluación, el cliente puede continuar recibiendo correos electrónicos durante las seis a cincuenta y dos semanas siguientes, que dan como resultado un número sorprendente de decisiones de regresar y contratar al *coach* y adquirir uno de sus productos de *coaching*. Repito: los clientes tienden a hacer compras cuando enfrentan un reto, no cuando se les está vendiendo el propio servicio.

Según nuestra experiencia en ayudar a *coaches* a desarrollar sus negocios de *coaching*, hemos descubierto que sin el captador de posibles clientes, la llamada de seguimiento y una posterior campaña de correos electrónicos, muchos de ellos solamente recibían la mitad de los pedidos que disfrutan en la actualidad. El captador de posibles clientes y los posteriores correos de alimentación tienen una gran importancia.

Sé que crear un captador de nuevos clientes y una campaña posterior de correo parece mucho trabajo, pero ese trabajo vale la pena. Imagina pasar un par de semanas creando un captador de nuevos clientes y diez o doce correos de fomento del interés, y después disfrutar de las decenas de clientes que te ayudan a captar cada año, un año tras otro.

Para comenzar, piensa en pequeño. No intentes comenzar con un curso gratuito según la demanda. En cambio, comienza con un archivo PDF principalmente de texto que ofrezca resolver un problema con el que solamente tus clientes calificados podrían estar batallando.

A continuación, tenemos algunos tipos de captadores de posibles clientes basados en un texto que podrías crear fácilmente:

1. **La lista de comprobación.** Crea una lista de comprobación que ayude a tus futuros clientes a entender mejor lo que necesitan hacer para resolver un problema. Por ejemplo: "Cómo dirigir tu pequeño negocio con solo cinco reuniones por semana" o "El mapa de ruta del flujo de caja de pequeños negocios: cómo no volver a quedarte sin dinero nunca más".
2. **La hoja de trabajo.** Dar a los posibles clientes una herramienta que puedan usar para resolver un problema hará que te ganes su confianza y te posicionará como un experto. Hojas de trabajo como "La plantilla de la semana perfecta" u "Hoja de trabajo de creación de mensaje" te posicionarán como un *coach* de productividad o un experto en mercadotecnia, y atraerán al tipo de clientes con los que esperas trabajar.

3. **La evaluación.** Si hay diez o veinte preguntas que puedes plantear y que ayudarán a los posibles clientes a entender la naturaleza de su problema, puedes crear una evaluación en la que contemplen con atención sus retos y entonces entiendan cuánto necesitan tus servicios de *coaching*.
4. **La entrevista.** Si hay un líder con aspiraciones en el campo de destreza y experiencia de tu futuro cliente, considera contactarlo para una entrevista y después ofrece esa entrevista como captador de nuevos clientes. Entrevistar a un entrenador de fútbol popular y destacado sobre cómo desarrollar y gestionar un equipo, o incluso a un artista popular sobre cómo gestiona el balance entre trabajo y vida personal, atraerá al tipo de clientes que consideran a esa persona una figura con aspiraciones. Las personas darán sus direcciones de correo para escuchar a sus héroes.
5. **Un artículo de soluciones.** Si tienes una solución a un problema con el que batallan tus clientes, por ejemplo, una estrategia de impuestos para pequeños negocios, puedes redactar un artículo titulado: "Diez razones por las que pagas demasiados impuestos". El artículo podría hablar sobre el código fiscal y después ofrecer una estrategia para disminuir la carga fiscal del cliente. El punto de un artículo de soluciones es presentar, precisamente, una solución que requerirá tu ayuda para ser ejecutada plenamente. Si tu cliente batalla con un problema, tendrá más probabilidad de descargar tu artículo y, entonces, si quiere que lo acompañes para alcanzar una solución en lugar de solamente leerlo, será más probable que te contrate como *coach*.

Los *coaches* me preguntan en ocasiones cuánto valor deberían revelar en sus captadores de posibles clientes. La verdad es que varía. A mí me gusta revelar una cantidad considerable de ayuda gratuitamente porque eso crea reciprocidad, pero la regla general es esta: revela el *porqué* pero vende el *cómo*. Por ejemplo, podrías revelar el "porqué" de tus estrategias fiscales (que hay personas que pagan muchos menos impuestos que otras porque saben algo que otros no saben), pero después vende la información sobre cómo las personas pagan menos impuestos mediante un pequeño grupo de *coaching*, taller, discurso de presentación o sesiones de coaching individuales.

La lista de posibilidades para tus captadores de posibles clientes es interminable. Diez minutos de reflexión pausada en una cafetería te conducirá a varias ideas. Mejor aún, conversar con posibles clientes o investigar un poco sobre sus frustraciones te conducirá a ideas todavía mejores.

Generar posibles clientes calificados es fundamental para hacer crecer tu negocio de *coaching*. Si tu captador de posibles clientes atrae a los clientes adecuados y diez personas te dan sus direcciones de correo, sabes que tienes diez posibles clientes calificados. Y recuerda lo siguiente: cada correo de seguimiento que envíes después de que descarguen tu captador de posibles clientes, guía a tu futuro cliente todavía más hacia la fase de conocimiento y más cerca de la fase de compromiso.

CIERRA MÁS VENTAS CON CORREOS EFICACES

Cuando un posible cliente te da su dirección de correo, debes hacer un seguimiento durante las seis semanas siguientes hasta un año con correos poderosos y valiosos. Recuerda: mientras más tiempo amplíes la ventana en la cual mantienes el contacto, es más probable que esa ventana coincida con un desafío que tu cliente experimenta.

¿Qué clase de correos deberías enviar en una campaña automatizada? Como regla general, debes utilizar el marco de venta "el cliente es el héroe" para redactar tus correos. Hace unos años atrás creé una fórmula como parte de un temario de entrenamiento de ventas, y resultó ser tan valiosa que es lo único que enseño cuando se trata de ventas. La fórmula en sí misma puede utilizarse en correos, discursos de presentación, seminarios web, propuestas, e incluso para crear puntos de conversación para conversaciones de ventas casuales.

Después de aprender el marco, puedes crear decenas de correos que involucren a los clientes donde estén y te posicionen como un experto que puede ayudar a resolver los problemas de tus clientes.

Examinemos con más detalle el marco de venta "el cliente es mi héroe", y así poder comprender mejor cómo y por qué funciona tan bien para alimentar el interés de los clientes y construir confianza.

EL MARCO DE VENTA "EL CLIENTE ES EL HÉROE"

Para crear correos ganadores, estructura tus correos utilizando esta fórmula:

Paso uno. ***Comienza con el problema.*** Describe el problema principal que ofrece resolver tu servicio de *coaching*. Claro está que puedes resolver muchos problemas, pero debes escoger un problema general que atraiga a posibles clientes calificados al producto en el que quieres enfocarte más. Por ejemplo, un buen problema para hablar al respecto, si quieres vender más de tus servicios como Jefe de operaciones *fractional* podría ser: *Los dueños de pequeños negocios con frecuencia tienen la sensación de que su gente hace demasiadas cosas y nadie sabe cuál es su verdadera descripción de trabajo.*

De nuevo, si defines el problema que resuelves, los posibles clientes se "encontrarán a sí mismos" y sentirán que estás leyendo su diario. Describe bien el problema, y los posibles clientes tendrán más posibilidades de acercarse y desear saber más acerca de ti y de tus servicios de *coaching*.

Paso dos. ***Posiciona tu producto como la solución para el problema del cliente.*** Ahora que has definido qué problema puedes ayudar a resolver al cliente, querrás posicionar tu servicio de *coaching* (o al menos uno de los productos dentro de tu menú de servicios) como la solución a ese problema. Si quieres ser un *coach* de dueños de pequeños negocios, querrás dejarles saber acerca del grupo pequeño de seis meses que ofreces y que les ayuda a duplicar sus ingresos. Si les estás ayudando a posicionar su negocio para venderlo, explica el modo en que tu paquete "Vende tu negocio" puede acompañarlos en el proceso de preparación. La regla es la siguiente: para cualquier problema que definas en el primer párrafo, posiciónate a ti mismo o a uno de tus productos de *coaching* como la solución en el segundo párrafo.

El motivo por el que las dos partes del marco de venta "el cliente es el héroe" es eficaz se debe a que toda la conducta humana está motivada por la apertura y el cierre de un ciclo de historia. Un ciclo de historia es esencialmente una pregunta o cierto tipo de acertijo al que la audiencia presta atención porque quiere resolver ese problema o acertijo. Por ejemplo, ¿rescatará el héroe a la víctima? ¿Ganará el equipo el campeonato? ¿Resolverá la pareja a sus desafíos y se casará? Si abres un buen ciclo de historia, la audiencia prestará atención hasta que cierres ese ciclo. ¿Cómo se relaciona esto con hacer crecer tu negocio de *coaching*? Es sencillo. Si abres el ciclo de historia de un sistema de gerencia caótico, tu cliente tendrá que comprar tu producto y contratarte como Jefe de operaciones *fractional* para cerrar ese bucle de la historia y organizar su equipo. Los dos primeros pasos del marco de venta "el cliente es el héroe", entonces, son abrir un ciclo de historia hablando acerca del problema de tu cliente, y después ofrecer cerrar ese ciclo cuando ese cliente compra tu producto.

Paso tres. ***Construye un puente desde el problema del cliente hacia tu solución.*** Ya has incluido un plan visual de tres pasos en tu página web, pero vuelve a repetirlo en un párrafo por separado en tus correos. De nuevo, el propósito del plan es dar a tus posibles clientes algunos pequeños pasos que pueden dar y que les impulsarán desde su problema hasta tu solución. Dale al posible cliente un primer paso pequeño y seguro que pueda dar, y tendrá más posibilidades de comenzar a caminar hacia ti.

Paso cuatro. ***Dibuja los puntos negativos.*** Una buena historia incluye riesgos positivos y negativos. Algo deberá ganarse o perderse sobre la base de si el héroe logra la tarea que tiene a la mano. ¿Por qué? Porque si no hay riesgos, no hay historia. Lo que esto significa para ti y para tu negocio de *coaching* es que si no puede ganarse o perderse nada al contratarte o no contratarte como *coach*, nadie tendrá una sensación de urgencia acerca de contratarte. Los riesgos hacen que una historia sea interesante. Si el héroe no desactiva la bomba, muchas personas resultarán heridas. Si el deportista no desempeña al máximo, la temporada quedará perdida. Los riesgos en una historia crean una fuerte sensación de urgencia y, por lo tanto, esos riesgos deberían ser incluidos en tu correo. En las próximas dos secciones de tu correo dibuja los riesgos. ¿Perderá terreno tu posible cliente ante el competidor si no te contrata? ¿Hay una posibilidad de que quiebre si no contrata la solución que tú propones? ¿Será tu cliente pasado por alto para el ascenso si no te contrata como *coach* de trabajo? Déjale saber al cliente cuáles son los riesgos de *no* contratarte en este cuarto párrafo.

Paso cinco. ***Dibuja los puntos positivos.*** Una buena historia implica a un héroe que siempre está vacilando entre los riesgos y los puntos positivos. Suspense, intriga y participación aumentan cuando se dejan claros los riesgos. Cuando tu futuro cliente lee acerca de los puntos negativos, ofrécele una visión de cómo podría verse su vida y evitar un destino potencialmente oscuro. Si quieres invitar a tu cliente a una historia emocionante, déjale saber acerca de la realidad estupenda y asombrosa que podría experimentar si te contrata a ti como *coach*. ¿Por qué es esto importante? Porque todas las historias anuncian una escena clímax en la cual el bueno derrota al malo a fin de ganar la batalla. Cuando anuncias una escena clímax en la vida de tu futuro cliente, será **mucho más** proclive a contratar tus servicios.

Paso seis. ***Llama a la acción al cliente.*** Por último, llamarás a la acción al cliente. ¿Por qué debes pedir a tu cliente que haga una compra? Porque un número asombroso de posibles clientes no pasarán a la acción a menos que los desafíes a hacerlo. En este punto en el correo, tu lector probablemente querrá dar ese primer paso, pero no lo hará a menos que tú lo desafíes a que lo haga. Si tu primer paso es que programe una sesión de inicio, detalla esa petición con claridad cuando cierres tu correo diciendo algo parecido a lo siguiente: "He hecho espacio en mi calendario todos los lunes para conversar con dueños de pequeños negocios acerca de estos desafíos. Para organizar treinta minutos conmigo, simplemente haz clic en este *link*".

***

El marco de venta "el cliente es el héroe" hace que sea mucho más fácil redactar correos que sean convincentes y eficaces. Al utilizar estos seis párrafos como guía crearás discursos de venta ganadores en cada correo que envíes.

A continuación, he incluido ejemplos de correos de venta que puedes enviar (después de editarlos para que estén en consonancia con tu voz y tus parámetros de *coaching*) que harán crecer tu negocio de *coaching*.

El modo en que una campaña de correo puede funcionar para tu negocio de *coaching* es sencillo. Comienza enviando unos siete correos de ventas. Estos correos son directos y van al grano, esencialmente pidiendo a posibles clientes que compren tus servicios de *coaching*. Sin embargo, si no compran uno de tus productos, debes seguir manteniendo el contacto con ellos pasando a una campaña de fomento de interés. Los correos de fomento de interés son correos que ofrecen valor gratuito, pero no intentan con demasiada fuerza venderle nada al lector. Esencialmente este tipo de correos están diseñados para seguir construyendo familiaridad y confianza, a la vez que amplían la ventana de compra durante semanas o meses posteriores.

A continuación tenemos siete correos de ventas que puedes enviar a los clientes después de que descarguen tu captador de posibles clientes, o después de reunirte con ellos en persona:

CORREO 1: EL CORREO "ME ALEGRO DE CONOCERTE"

Este correo te ayudará a:

- honrar el hecho de que la historia no se trata de ti; se trata de un posible cliente;
- mostrarle que escuchabas verdaderamente cuando se conocieron, posicionándote más aún como guía y ganando todavía más su confianza;
- invitar al cliente a una historia en la cual utiliza tu producto o servicio para resolver su problema, haciendo crecer así su pequeño negocio y tu negocio de *coaching* al mismo tiempo.

Ya sea que te encontraste con un cliente en persona o descargó tu captador de posibles clientes, este correo será un punto de contacto eficaz. He redactado este correo desde la perspectiva de un *coach* que ha conocido al cliente en persona, pero pueden editarse las primeras frases para que encajen en un sistema automatizado en el cual un futuro cliente haya descargado un captador de posibles clientes.

MUESTRA DE CORREO

Tom:

Gracias por tomar el tiempo para conocernos ayer. Cuando conversamos, pareció que estabas teniendo grandes retos de flujo de caja. No estás solo. La buena noticia es que las únicas personas que batallan con la gerencia del manejo de caja son las personas que son capaces de construir una compañía que produzca efectivo.

En otras palabras, el problema es un problema de éxito. Dicho eso, el crecimiento requiere inversión, la cual a menudo conduce a tener problemas de flujo de caja.

Como el dinero es una cosa difícil de manejar, es importante separar el dinero en varias cuentas diferentes para así poder tener una visión clara de dónde te sitúas financieramente.

Ofrezco sesiones de *coaching* a mis clientes mediante un sistema llamado "flujo de caja de pequeños negocios de modo sencillo", que divide el dinero que entra y sale en cinco cuentas corrientes diferentes.

Todavía no ha habido ningún cliente que haya atravesado este proceso y no haya obtenido paz mental después de tener la claridad (y la esperanza) que necesitaba en torno a sus finanzas.

Yo puedo guiarte como *coach* en este proceso en solitario, o puedo incluirte en un pequeño grupo de seis meses con otros dueños de pequeños negocios, en el cual hablamos sobre el flujo de caja junto con otros cinco pasos que te ayudarán a hacer crecer tu pequeño negocio. En el grupo pequeño renovamos tu negocio en seis pasos sencillos, cada uno de los cuales toma aproximadamente un mes en implementarse. Estará incluido el flujo de caja.

El modo en que trabajo con los clientes es identificar los problemas más apremiantes, personalizar un plan para ayudarlos a resolver esos problemas, y después establecer una serie de reuniones en las cuales implementamos las soluciones. Es todo bastante sencillo.

Lo fundamental es que no hay ningún motivo por el que no deberías tener una claridad extrema en cuanto a tus finanzas. Cuando trabajemos juntos, te resultará más fácil implementar una solución y comenzar a experimentar otra vez noches de sueño reparador.

Si tienes tiempo el lunes, puedo organizar una llamada vía Zoom a las 9:00 de la mañana para conversar sobre si podríamos o no trabajar juntos. En caso contrario, puedo trabajar con tu asistente para que organice una llamada pronto.

Atentamente,
Caitlyn Smith
Coaching de pequeños negocios

Un buen correo de seguimiento logra varias cosas importantes. En primer lugar, recuerda la conversación inicial que mantuvieron (o el hecho de que el cliente estaba interesado en tu captador de posibles clientes) como una manera de decirle que estás prestando atención a *sus* necesidades. El correo debería demostrar empatía y autoridad; es decir, que comprendes y te importan sus problemas y también que tienes lo que se necesita para ayudarlo a resolver ese problema.

El doble golpe de la empatía y la autoridad te posiciona como guía en la vida de tu futuro cliente.

En segundo lugar, el correo identifica el problema que mencionó tu futuro cliente en su conversación y trae hasta la primera línea su problema, ayudándolo a hacer que el problema sea algo que quiere resolver más temprano que tarde.

Después de empatizar con el problema de tu cliente, el correo posiciona tus productos como una solución viable. El correo también detalla un plan de tres pasos, dibuja los puntos positivos y negativos, pide que se realice la orden, y llama a la acción al cliente recomendando un paso siguiente.

Como puedes ver, el correo anterior sigue de manera sencilla pero fiel el marco de venta "el cliente es el héroe" y, por lo tanto, es claro, interesante y motivará a emprender la acción.

Si cada posible cliente con el que hablaste recibiera un correo como el anterior, un porcentaje bastante decente de esos posibles clientes daría ese primer paso de tomar una evaluación. Después de tomar la evaluación, muchos contratarían tus sesiones de *coaching*, especialmente si tu menú de productos de *coaching* estaba definido con claridad en tu página web.

De nuevo, el correo anterior es estupendo para enviarlo a clientes después de haberlos conocido en persona. Aunque se puede editar fácilmente con el propósito de que sea un seguimiento automatizado después de que alguien descargue tu captador de posibles clientes; dedicaré las siguientes seis muestras de correos concretamente a los seguimientos automatizados. Ciertamente, tendrás que editar estos correos para que reflejen el tipo de *coaching* que quieres ofrecer, pero es mi esperanza que estos correos te ayuden a entender el tono y la intención que debes comunicar para atraer y cerrar más clientes.

Cada uno de los correos de muestra que verás a continuación ayuda al *coach* a vender un producto llamado "Grupo comunitario para pequeños negocios". Al leer el correo, observa cómo el *coach* presenta el producto como una solución para el problema del cliente, dibuja el riesgo, incluye un plan, y llama a la acción al cliente. Al pensar acerca de vender tus productos de *coaching*, querrás utilizar los mismos métodos.

Dicho eso, a continuación tenemos seis correos de muestra que puedes utilizar como inspiración para crear tu propia campaña y enviarlos después de que un cliente descargue tu captador de posibles clientes:

CORREO 2:
EL CORREO DE "GRATITUD Y ACLARACIÓN DE OFERTA"

Este correo te ayudará a:

- definir los problemas que resuelves;
- aclarar los productos que ofreces;
- comenzar a cerrar el trato.

MUESTRA DE CORREO

> Apreciado (nombre):
>
> Gracias por descargar la *Lista de comprobación del plan de crecimiento del pequeño negocio*. La lista está pensada para ayudarte organizar tu negocio, alinear tus prioridades, anunciar y vender tus productos, e incluso manejar tu flujo de caja. Si estás batallando en cualquiera de estas áreas, estoy aquí para ayudarte.

Es casi imposible hacer crecer un negocio sin seguir un plan. Sin embargo, la verdad es que la mayoría de los dueños de pequeños negocios no tienen un plan. Probablemente, esa es la razón por la cual el 65 % de los pequeños negocios fracasan.

He disfrutado al ayudar a docenas de pequeños negocios como el tuyo a hacer crecer su negocio. Lo hago mediante un pequeño grupo llamado "Grupo comunitario de pequeños negocios", en el que optimizamos tu negocio para obtener ingresos y beneficios. La meta de mi pequeño grupo comunitario es sencilla: duplicar tus ingresos.

Lo hacemos volviendo a redactar tu declaración de misión, aclarando tu mensaje de mercadotecnia, renovando tu proceso de ventas, optimizando tu oferta de productos, alineando tus gastos generales y tus operaciones, y finalmente presentándote un modo fácil y sencillo para administrar tu flujo de caja.

Apuntarte a mi grupo comunitario para pequeños negocios es fácil. Simplemente responde a este correo, hazme saber si te gustaría una reunión, y organizaré un momento en el que podamos hacer una llamada vía Zoom. Si ambos estamos de acuerdo en que un grupo comunitario para pequeños negocios es una buena opción para ti, te haré espacio en mi próximo grupo. Al unirte a un grupo comunitario obtendrás inspiración y consejos prácticos semanales que puedes utilizar para observar un impacto masivo en tu negocio. Además, podrás relacionarte con otros dueños de pequeños negocios como el tuyo y así te sentirás menos solo, a medida que haces crecer tu pequeño negocio. Todo esto se traduce en no pasar más noches sin dormir preguntándote si serás uno de esos negocios que fracasan.

Realmente no tienes que construir tu pequeño negocio **tú solo**. Puedes unirte a un grupo MasterMind de otros dueños de pequeños negocios que están interesados en una sola cosa: hacer crecer su negocio.

De nuevo, si te gustaría participar en una llamada vía Zoom, simplemente responde a este correo o haz clic AQUÍ para organizar una cita conmigo. Me encantaría conversar sobre **cómo** estamos ayudando a negocios como el tuyo a ejecutar un plan de crecimiento que funciona.

Atentamente,
Jim Spencer
Jim Spencer, *coaching*

CORREO 3: EL CORREO DE "EMPATÍA Y COMPETENCIA"

Este correo te ayudará a:

- compartir tu historia de origen específica (lo personalizarás para ti mismo, desde luego);
- posicionarte a ti mismo como el guía;
- ganarte el respeto de tu futuro cliente;
- ayudar a tu futuro cliente a imaginarse a sí mismo experimentando el éxito que **tú** has experimentado.

MUESTRA DE CORREO

Apreciado (nombre):

Hace muchos años atrás era el dueño de un pequeño negocio y lo dirigía. Digo que "era dueño" y "dirigía" pero, verdaderamente, nunca pareció que yo estuviera dirigiendo nada. Me sentía atrapado en el interior de una máquina que yo mismo había creado.

Poseía un negocio de lavado de autos o, más bien, un negocio de lavado de autos me poseía a mí. Tenía tres ubicaciones y pasaba todo mi tiempo viajando entre una y otra para asegurarme de que las máquinas estuvieran funcionando, y que nuestros equipos estuvieran allí para lavar los autos. En el mejor de los casos, era un caos organizado.

Las cosas comenzaron a cambiar solamente cuando descubrí un proceso fácil para dirigir un pequeño negocio. El proceso me ayudó a organizar las seis partes de mi negocio para que así discurriera por sí solo y yo pudiera relajarme y hacer dinero.

Vendí ese negocio hace cinco años atrás y consideré seriamente el retirarme. Después de vender mi negocio, sin embargo, me encontré asesorando a otros dueños de pequeños negocios para hacer crecer sus propios negocios, y descubrí que me gustaba el trabajo. Por lo tanto, ahora soy un *coach* de negocios. Y me encanta.

He podido ayudar a todo tipo de negocios a profesionalizar sus operaciones y crecer. He trabajado con todo tipo de negocios que puedas imaginar, desde pasear perros hasta bienes inmuebles y pizzerías. Resulta que todo negocio necesita el mismo proceso exacto que yo descubrí hace años atrás.

Si te sientes abrumado, me gustaría ayudar. Tu negocio puede operar de modo confiable y predecible.

Pronto comenzaré un "Grupo comunitario de pequeños negocios", pero también estoy disponible para el *coaching* individual. Me encantaría incluirte en mi calendario.

> Si tienes necesidad de un *coach* de negocios, programa una llamada vía Zoom conmigo AQUÍ.
>
> Brindo por el éxito de tu pequeño negocio.
>
> **Jim Spencer**
> Jim Spencer, *coaching*

CORREO 4:
EL CORREO DE "TESTIMONIO Y LLAMADA A LA ACCIÓN"

Este correo te ayudará a:

- crear prueba social (*social proof*);
- generar una sensación de urgencia;
- seguir aclarando tu oferta.

MUESTRA DE CORREO

> Apreciado (nombre):
>
> Mi próximo "Grupo comunitario de pequeños negocios" comenzará pronto. Estoy haciendo lugar para diez dueños de pequeños negocios y seguramente estaremos casi llenos.
>
> Como dueño de un pequeño negocio, probablemente tienes muy pocas oportunidades de poder conversar con otros dueños de pequeños negocios. Pocas personas en tu familia o tu comunidad inmediata están lidiando con los problemas que tú enfrentas cada día.
>
> Durante los seis meses que emplearás en nuestro grupo comunitario de pequeños negocios podrás conversar abiertamente acerca de los retos únicos que experimentas y, casi con toda seguridad, escucharás de otros dueños de pequeños negocios que han resuelto exactamente los mismos problemas. Sin mencionar que los seis marcos que

aprenderemos te ayudarán a resolver problemas fundamentales en el liderazgo, mercadotecnia, ventas, optimización de productos, gerencia y flujo de caja.

Si te sientes solo y quieres hacer crecer tu negocio, hablemos sobre tu participación en el siguiente grupo pequeño.

John Gerber participó en el grupo comunitario de pequeños negocios del año pasado, y escucha lo que dijo:

"Mis ingresos aumentaron en un 57 % después de estar en el grupo comunitario para pequeños negocios de Jim. Pero esa no es la mejor parte. La mejor parte es las amistades que me he llevado tras esos seis meses que pasamos juntos. Unirme al grupo comunitario para pequeños negocios con Jim fue la mejor decisión que he tomado nunca para mi negocio".

Si los resultados de John te parecen buenos, organiza una llamada vía Zoom conmigo AQUÍ y te incluiré en el grupo.

Espero ayudarte a organizar tu pequeño negocio y hacerlo crecer.

Hablaremos pronto.

Jim Spencer
Jim Spencer, *coaching*

CORREO 5: EL CORREO "SUPERAR OBJECIONES"

Este correo te ayudará a:

- superar las objeciones de compra de tu cliente;
- darle a tu cliente una visión de su potencial;
- definir todavía más el valor que ofreces.

MUESTRA DE CORREO

Apreciado (nombre):

El motivo número uno por el que los dueños de pequeños negocios NO se unen a un grupo comunitario de pequeños negocios es que sienten que no tienen el tiempo para ese compromiso. Sin embargo, no tener tiempo para trabajar en tu negocio, o lo que es más, estar presente con la familia, disfrutar de un pasatiempo o incluso reunirte con amigos, es precisamente lo que resuelve nuestro pequeño grupo comunitario.

Cuando un negocio está organizado y funcionando del modo adecuado, el dueño del negocio tendrá mucho margen para descansar, soñar y ser inspirado. Muchos de nosotros necesitamos averiguar cómo SER DUEÑOS de nuestro negocio en lugar de solo GESTIONAR nuestro negocio.

Mi "Grupo comunitario de pequeños negocios" es un grupo continuo en el cual compartes tus retos, intercambias mejores prácticas, recibes apoyo e inspiración, y conversas sobre cómo optimizar tu negocio para obtener ingresos y beneficios.

Si quieres recuperar tu tiempo, únete a mi "Grupo comunitario de pequeños negocios". Lo único que tienes que hacer es clic AQUÍ y programar una llamada vía Zoom. Desde ahí, te incluiré para que puedas comenzar a reunirte con una comunidad y remodelar tu pequeño negocio hoy.

Estamos a tu tiempo.

Programa una llamada vía Zoom AQUÍ, ¡y recuperemos tu tiempo!

Hablaremos pronto.

Jim Spencer
Jim Spencer, *coaching*

CORREO 6:
EL CORREO "SE TERMINA EL TIEMPO"

Este correo te ayudará a:

- generar todavía más urgencia;
- cerrar la venta;
- forzar al lector a tomar una decisión.

MUESTRA DE CORREO

Apreciado (nombre):

Se está terminando el tiempo para unirte a mi "Grupo comunitario de pequeños negocios".

Se acerca nuestra primera reunión.

Si no eres parte de una comunidad de pequeños negocios, considera el unirte a nosotros. Cuando tienes un pequeño grupo de dueños de negocios con los cuales conversar, resuelves problemas con más rapidez, ves con más facilidad oportunidades de crecimiento, recortas horas a tu semana laboral, duermes mejor porque estás menos estresado, y tu pequeño negocio comienza a crecer de nuevo.

Si tienes preguntas, puedo responder cualquiera de ellas en una llamada vía Zoom. Tan solo responde a este correo diciendo que te gustaría que conversemos, y yo haré que suceda el resto.

Si no te apuntas pronto, no ofreceré otro grupo pequeño durante al menos seis meses. Eso significa que te perderás el valor de seis meses de oportunidad de crecimiento.

Para programar una llamada rápida vía Zoom y decirte las fechas, haz clic AQUÍ.

Recuerda: solo tienes unos días más para apuntarte. Juntémonos y hablemos pronto.

Atentamente,

Jim Spencer

Jim Spencer, *coaching*

CORREO 7: EL CORREO "ÚLTIMO RECORDATORIO"

Este correo te ayudará a:

- cerrar la venta;
- generar una última sensación de urgencia.

MUESTRA DE CORREO

Apreciado (nombre):

Hoy es el último día para unirte a mi "Grupo comunitario de pequeños negocios". Si quieres unirte a un grupo de dueños de pequeños negocios que están haciendo crecer juntos sus negocios, haz clic AQUÍ y programa una llamada rápida vía Zoom.

En solo unas semanas tendrás un grupo de amigos totalmente nuevo, un plan de crecimiento para tu negocio, y más que cualquier otra cosa: ESPERANZA. Tendrás esperanza en que tu negocio puede sentirse como un regalo en lugar de una carga.

Si puedes hacer una llamada vía Zoom, no te quedarás atrás. Nuestra primera reunión será pronto.

De nuevo, si quieres unirte a nuestro pequeño grupo, haz clic AQUÍ y te incluiré.

¡Brindo por el crecimiento de tu negocio!

Jim Spencer
Coach certificado de *Business Made Simple*

***

Estos siete correos están diseñados, claro está, para definir y vender un producto específico: grupos comunitarios de pequeños negocios. A medida que desarrollas tu propio negocio de *coaching*, tu producto insignia puede diferir. Sin embargo, querrás redactar al menos siete correos como estos para dirigir a tus posibles clientes a tu producto o servicio insignia. Te sorprenderá cuántas personas se ponen en contacto contigo después de recibir el cuarto o quinto correo. ¿Por qué tomará tanto tiempo? Porque unirse a un grupo comunitario no es una decisión impulsiva. Las personas a menudo necesitan un mes o dos para pensar en la idea antes de que comience a tener sentido para ellas. Y si continúas enviándoles correos mientras están pensando en unirse al grupo, tendrán muchas más probabilidades de leer esos últimos correos y programar una llamada vía Zoom. Sin embargo, si te mantienes en silencio con ellos, olvidarán tu oferta.

CONTINÚA ENVIANDO CORREOS A TUS POSIBLES CLIENTES DURANTE SEMANAS, MESES E INCLUSO AÑOS

Tras enviar tus primeros siete correos de ventas, puedes usar tu CRM (Gestión de Relaciones con los Clientes) para colocar a futuros clientes en lo que llamamos "*nurture track*", podríamos denominarla como una "ruta de interés". Se trata de una serie de correos que se envían cada semana y comparten contenido útil con posibles clientes.

La idea que hay detrás de la ruta de interés es continuar recordando a los clientes que existes y recordarles sobre los tipos de problemas que puedes ayudarles a resolver. El motivo por el que puedes reducir la velocidad del envío de correos a dos cada mes para la ruta de interés es porque la meta es simplemente mantener el contacto y seguir construyendo confianza.

Incluso si un cliente rechaza la oferta de unirse a tu pequeño grupo insignia, querrás continuar enviando correos durante semanas, meses e incluso años. Mientras más tiempo reciban tus correos los posibles clientes, más familiarizados estarán contigo y será más probable que finalmente compren tus productos y servicios.

Contrariamente a las muestras de correos que te mostré anteriormente, los correos de la ruta de interés en realidad no intentan cerrar un trato; simplemente existen para ser útiles y recordar a tantas personas como sea posible que eres un *coach* y que te pueden llamar si tienen problemas.

De nuevo, el motivo por el que estos correos son importantes es que los clientes no tienden a invertir en *coaching* de modo impulsivo. En cambio, invierten en *coaching* solamente cuando están experimentando desafíos. Mientras más tiempo envíes correos a posibles clientes, es más probable que uno de tus correos coincida con un problema que estén experimentando en el presente.

¿Por qué enviar tantos correos de ruta de interés? Porque si no mantienes un anzuelo en el agua, nunca pescarás.

Cada año yo me junto con un grupo de unos diez amigos para practicar pesca con mosca en Montana.[3] Esos días en el río son algunos de mis favoritos, año tras año. Para ser sincero, ninguno de nosotros es un gran pescador, pero yo he captado algunas estrategias que aumentan mi conteo de peces atrapados. Sin embargo, el indicador número uno de pescar peces tiene poco que ver con la mosca que uso o dónde coloco dicha mosca. Quienes pescan más peces tienen una cosa en común: mantienen sus moscas sobre el agua todo el día. Me refiero a que no se quedan sentados en la barca y beben una cerveza, o pasan horas desenredando sus hilos de pescar. Están de pie y lanzan una y otra vez, acumulando los minutos y las horas que su mosca se ve atractiva para los peces que nadan por debajo de la superficie. Mientras más tiempo está su mosca sobre el agua, más peces pescan.

Desarrollar tu negocio de *coaching* funciona del mismo modo. Cada correo es como un lanzamiento de la mosca, y mientras más correos de ruta de interés hayas enviado, más tiempo estará tu mosca sobre el agua. ¿Necesitan ser buenos los correos? Eso ayuda, sin duda; sin embargo, la realidad es que el indicador principal de si harás crecer o no tu negocio de *coaching* es si continúas enviando correos después de que los otros *coaches* hayan dejado de hacerlo.

El punto aquí es el siguiente: mientras más tiempo y más veces recuerdes a tus clientes que existes, más probabilidad hay de que al final hagan un pedido. Esto es cierto en el *coaching* y también es cierto en cualquier otro tipo de negocio.

¿QUÉ TIPOS DE CORREOS DE FOMENTO DEL INTERÉS DEBERÍAMOS ENVIAR EN UN ESFUERZO POR MANTENERNOS EN LA MENTE DE UN CLIENTE?

Cuando cambias a una campaña de ruta de interés (después de que la campaña de ventas sigue su curso), debes asegurarte de que cada

3. N. del E. Pesca con mosca, del inglés *fly fishing*, es una modalidad que utiliza una caña y señuelo artificial llamado mosca.

uno de los correos ofrezca valor. El mejor modo de hacer eso es comprobar que cada correo explique un poco acerca de cómo resolver un problema. ¿Por qué ofrecer un valor tan bueno pero gratuito? Porque, una vez más, la confianza se construye ofreciendo valor a lo largo del tiempo; y nadie te contratará a menos que confíe en ti.

Aunque los correos de ruta de interés ofrecen valor gratuito, aun así querrás hablar sobre los productos que vendes. La diferencia entre un correo de ventas y un correo de ruta de interés es que un correo de ruta de interés también incluye un componente de enseñanza. Ya sea que el receptor de tus correos haga una compra o no, seguirá recibiendo gran valor, posicionándote así como *coach* en su vida y también creando una sensación de reciprocidad.

A continuación hay una lista de los tipos de correos de "ruta de interés" que puedes enviar y que darán conocimiento a tus clientes, ganarán su confianza y los alentarán a comprometerse.

1. **El correo de problema y solución:** este correo definirá un problema concreto de un negocio con el que están lidiando tus clientes y después detallará exactamente cómo resolver ese problema.
2. **El correo que indica "así es como lo hicieron":** envía a posibles clientes un caso práctico y un testimonio de un cliente existente que haya experimentado el éxito como resultado de tu *coaching*. Detalla cómo resolvió un problema concreto utilizando tus consejos o marcos de *coaching*.
3. **El correo "paso por paso":** ¿hay cinco o seis pasos que una persona pueda dar para resolver un problema de negocio concreto? En ese caso, detalla esos pasos en este correo.

4. **El correo de "introducción a un experto":** ¿leíste un correo recientemente que crees que ayudaría a tus posibles clientes? En ese caso, resume el consejo que daba el experto e incluye un *link* a ese artículo.

5. **El correo de ventas:** igual que en el correo de ventas que te mostré anteriormente, en este correo explicarás los productos que ofreces y pedirás a los posibles clientes que organicen una llamada inicial para que puedan descubrir cuál de tus productos de *coaching* es mejor para ellos. Este es un correo de compromiso, y querrás colocar estos correos en la secuencia cada tres o cuatro correos.

Estos cinco tipos de correos, enviados a un ritmo de un correo por semana, seguidos de los mismos correos con el mismo tema enviados en el mismo orden durante varios meses más, harán crecer tu negocio de *coaching*. Observa que el quinto correo es otro correo de ventas directo. ¿Por qué incluir un correo de ventas en una campaña de ruta de interés? Aunque, como verás, cada correo de ruta de interés sigue teniendo un componente de ventas, ocasionalmente querrás enviar un correo contundente de ventas y que anime a tus futuros clientes a hacer un pedido.

El punto es el siguiente: cuando creas una campaña de ventas seguida por una campaña de ruta de interés, más y más clientes potenciales comenzarán a pensar en ti como una fuente a la cual acudir en busca de ayuda, y un porcentaje de los receptores de estos correos te contratará. Mientras más direcciones de correo consigas, y más tiempo envíes correos a esos receptores, es más probable que comiences a conseguir clientes de pago en tu producto insignia y más allá.

A continuación tenemos cinco muestras de correos de ruta de interés que puedes usar para desarrollar tu negocio de *coaching*.

Cada correo es solamente una muestra del tipo de correo que puedes crear dentro de ese tema. Puedes crear una variedad interminable de cada correo. Ciertamente, estos no son los únicos tipos de correos que puedes enviar, pero estos cinco correos deberían ser eficaces para ti.

CORREO DE RUTA DE INTERÉS #1: PROBLEMA Y SOLUCIÓN

MUESTRA DE CORREO

Tema: 5 reuniones que necesitas para gestionar tu pequeño negocio

> Apreciado (nombre):
>
> Cuando desarrollaste tu negocio más allá del millón de dólares en ingresos anuales, probablemente observaste algo: empleabas cada vez menos tiempo en las cosas que usabas para ganar dinero y cada vez más tiempo lidiando con el drama que se produce al trabajar con un equipo.
>
> ¿A qué me refiero con drama? Me refiero a contratar, despedir, lidiar con el conflicto en la oficina, asegurarte de tener a las personas adecuadas en los puestos correctos, e intentar desarrollar a los miembros de tu equipo para que hagan bien su trabajo.
>
> Prestar más atención a tu equipo del que prestas a tus productos o tus clientes; sin embargo, puede conducir a problemas. Si no tienes cuidado, tus ventas comenzarán a ser más lentas y la calidad del servicio que ofreces también podría disminuir.
>
> A fin de tener éxito, tu negocio necesita que hagas lo que mejor sabes hacer, ya sea crear productos, relacionarte con clientes o cerrar ventas.
>
> Sin embargo, ¿cómo puedes regresar a tu punto óptimo?

La clave es instalar un sistema de gerencia y operaciones que asegure que tu negocio funciona como una máquina.

Este otoño, mi "Grupo comunitario de pequeños negocios" se enfocará exclusivamente en la gerencia y las operaciones. Aprenderemos cómo dirigir nuestro pequeño negocio utilizando solamente cinco reuniones. Me encantaría que nos acompañaras.

Estas son las reuniones concretas que puedes implementar a fin de gestionar bien a tu equipo (y tu tiempo):

1. **La reunión de todo el equipo:** esta reunión es exactamente lo que parece, una reunión en la que todo tu equipo y tú repasan las metas de la empresa. Esta reunión tiene lugar una vez por semana.

2. **La reunión de liderazgo:** justamente después de la reunión de todo el equipo, siéntate con tu equipo de liderazgo y aborden cualquier proyecto abierto que necesite acción. Esta reunión también se produce una vez por semana.

3. **La reunión por departamentos:** cada departamento dentro de tu pequeño negocio necesita tener una breve reunión de quince minutos cada día para que cada miembro de tu equipo sepa qué se espera de él o ella cada día.

4. **La comprobación de prioridad personal:** una vez por semana, cada miembro de tu equipo debería reunirse con su director de departamento para aclarar lo que se espera de él o ella personalmente.

5. **La evaluación de desempeño trimestral:** cada trimestre, cada miembro de tu equipo se reunirá con su supervisor para hablar de desempeño. Esta reunión dura unos treinta minutos. El equipo está desesperado

por tener retroalimentación y *coaching*, y esta reunión es donde lo obtienen.

Si te gustaría saber más sobre estas reuniones, entonces únete a mi "Grupo comunitario de pequeños negocios". Participar en mi "Grupo comunitario de pequeños negocios" es sencillo. En primer lugar, hagamos una llamada vía Zoom para que yo pueda entender mejor con qué estás batallando. En segundo lugar, participa en un par de nuestras reuniones y entonces, si te gusta la comunidad, acompáñanos cada mes durante el tiempo que nos necesites.

Si estás lidiando con el problema de manejar a tu gente, nuestro enfoque en la gerencia y las operaciones te ayudará.

Ninguno de nosotros firmó para manejar el caos. Lo que necesitamos es un sistema que nos libere para hacer lo que nos encanta y obtengamos un beneficio en el proceso.

Haz clic AQUÍ para programar esa llamada vía Zoom. Espero que hablemos pronto.

James Thatcher
Thatcher Coaching Group

CORREO DE RUTA DE INTERÉS #2: "ASÍ ES COMO LO HICIERON"

MUESTRA DE CORREO

Apreciado (nombre):

Marcos no acudió a mí porque su negocio estuviera batallando. De hecho, estaba en la mitad de su mejor año en cuanto a ingresos. El motivo por el que acudió a mí fue porque se sentía atrapado. Para Marcos, su negocio se había convertido en una cárcel.

¿Cómo estaba atrapado? Para poder pagar los salarios cada mes, él mismo tenía que hacer la mayor parte del trabajo. Aunque tenía un equipo de mercadotecnia, era él quien tenía que pensar en todas las ideas y hacer toda la investigación. No solo eso, también tenía que llamar a sus clientes principales para cerrar el trato. Además, tenía que asegurarse de que su inventario estuviera lleno y que sus productos estuvieran creados con el mismo nivel de calidad que sus clientes habían llegado a esperar.

Mientras más crecía su negocio, más atrapado se sentía Marcos.

Cuando Marcos se unió a nuestro "Grupo comunitario de pequeños negocios" estaba preocupado y frustrado. En realidad, apenas si tenía tiempo para estar en la sala, y se preguntaba si había cometido un error. Sin embargo, después de nuestra primera reunión, Marcos entendió que no estaba solo y también entendió que podía obtener ayuda.

No hay ningún desafío que Marcos o tú estén experimentando actualmente que un dueño de un pequeño negocio no haya tratado ya y haya conquistado. Simplemente no estás en la sala en la que se habla de la solución.

¿Cuál es la solución? Puede variar según tu situación específica, pero a continuación te ofrezco un manual básico para *ser dueño* en lugar de solo *gestionar* tu pequeño negocio.

En primer lugar, crea sistemas y procesos que permitan que tu negocio funcione como una máquina.

En segundo lugar, instala esos sistemas y procesos en un calendario diario, semanal, mensual y anual.

En tercer lugar, ahora que has construido una máquina, contrata a un operador para que maneje tu máquina. Sin embargo, ten cuidado, porque tu operador necesita funcionar de un modo específico para poder tener éxito.

Si todo esto te parece un viaje que necesitas emprender, me gustaría explicarlo más. Puedes organizar una llamada vía Zoom conmigo AQUÍ para conversar acerca de cómo puedes transformar tu negocio y convertirlo en una máquina productiva y rentable.

Por ahora, sin embargo, has de saber que hay esperanza. Si creas los sistemas y los procesos, los colocas en un calendario para rendir cuentas, y después contratas a alguien que sea bueno en el manejo de una máquina, puedes ser libre. Eso le sucedió a Marcos, y también puede sucederte a ti.

En la actualidad, Marcos emplea la mitad de su tiempo pescando o jugando golf. No es una broma. Y su negocio ha crecido, no ha menguado.

Si buscas ese tipo de crecimiento, incluso mientras tomas más tiempo para disfrutar de los frutos de tu trabajo, hagamos una llamada por Zoom.

Brindo por el crecimiento de tu pequeño negocio.

Jane Seymore

Coach de pequeños negocios

CORREO DE RUTA DE INTERÉS #3: PASO POR PASO

MUESTRA DE CORREO

Tema: Tres pasos para contratar a un asistente virtual

> Apreciado (nombre):
>
> Si eres un emprendedor exitoso y estás pensando en contratar a un pequeño equipo, pero tienes un poco de miedo a la responsabilidad extra, deberías pensar en contratar a un asistente virtual como tu primera contratación.
>
> Un asistente virtual puede transformar tu negocio y tu vida. Y aunque parezca un gran paso, cuando lo tomes te preguntarás por qué no hiciste este movimiento antes.
>
> ¿Por qué es un movimiento tan bueno? Un asistente virtual puede escalar contigo. Puedes iniciar tu asistente con diez horas por semana y escalar todo el recorrido hasta las cuarenta, lo cual quiere decir que no te estás exponiendo a un pago de salarios gigantesco cada mes.
>
> Pero, antes de contratar a un asistente virtual, a continuación te ofrezco tres pasos que debes tomar.
>
> **Paso uno.** Haz una lista de todas las tareas personales y profesionales que consumen la mayor parte de tu tiempo. Asegúrate de incluir tareas personales, programar cortes de cabello, hacer reservas para cenas, planear vacaciones y otras cosas. Como emprendedor en solitario, el negocio necesita tu tiempo, y mientras menos enredado estés en tareas, más tiempo tendrás para hacer crecer tu negocio. No diferencies entre tus tareas de negocio y tus tareas personales. Tu asistente virtual está en el equipo para servirte porque tú eres el negocio.

Paso dos. Crea una semana perfecta para tu asistente virtual. Antes de contratar a un asistente, deberías saber en qué trabajará. No querrás que entre en un caos, de modo que siéntate y redacta las tareas repetitivas que tu asistente hará cada semana. Este será un ejercicio alentador para ti, porque comprenderás rápidamente cuánto tiempo más obtendrás con su ayuda. Su semana perfecta, en otras palabras, te dejará libre para tener tu semana perfecta.

Paso tres. Haz la llamada y sigue adelante. Hay muchas empresas de asistentes virtuales ahí afuera, pero a mí me gusta BELAY Solutions. Les he enviado muchos clientes, y hacen un gran trabajo al ocuparse de cada una de las necesidades de los clientes. Cuando estés junto al asistente virtual adecuado, comienza permitiéndole que administre tu calendario y pon en marcha esa semana perfecta.

Si tomas los tres pasos que hemos bosquejado antes, no tendrás ningún problema para emplear a tu primer contratado.

Como siempre, si quieres que tengamos una llamada vía Zoom y conversemos acerca de tus desafíos actuales, déjame saber. Me gusta mucho asesorar a dueños de pequeños negocios para que tengan éxito, y puedo compartir contigo cómo trabajamos mi asistente virtual y yo para dejar libre más de mi tiempo. Puedes programar una llamada vía Zoom conmigo AQUÍ.

Brindo para que tu primer contratado sea una experiencia transformadora. Por tu éxito.

Tim Porter
Focus Coaching Group

CORREO DE RUTA DE INTERÉS #4: INTRODUCCIÓN A UN EXPERTO

MUESTRA DE CORREO

Apreciado (nombre):

Si te has sentido alguna vez totalmente desesperanzado con respecto a tu negocio, es más, con respecto a tu vida, obtendrás una gran cantidad de esperanza de mi amiga Mignon Francois.

Mignon vivió una vez en una pequeña casa en el barrio de Germantown en Nashville, Tennesee. En su libro *Creada desde cero,* relata la historia de sentirse atrapada por un esposo abusivo y criar a siete hijos casi sin nada. En su momento más oscuro, casi perdió su casa, su matrimonio, y tal vez casi su vida.

Cuando su casa estaba en ejecución hipotecaria, sin embargo, decidió hacer algo al respecto. Optó por comenzar un pequeño negocio y tomar el control de su vida. Con cinco mil dólares a su nombre, fue al supermercado y compró una caja de mezcla para pasteles. Ella y sus hijos hicieron los pasteles y los vendieron, y utilizó el beneficio para comprar más mezcla y seguir cocinando.

En la actualidad, la misma casa que estaba en ejecución hipotecaria pertenece a Mignon, que se divorció hace mucho tiempo de su esposo abusivo. La casa, sin embargo, no es donde vive Mignon. Ella vive en un lugar mucho más hermoso. La casa es en realidad la tienda. Mignon ha ganado más de diez millones de dólares vendiendo pasteles desde dos tiendas, una en Nashville y otra en Nueva Orleans.

Si necesitas un poco de inspiración esta mañana, lee la historia de Mignon AQUÍ.

Hacer crecer un pequeño negocio es en un 50 % saber cómo hacerlo y en otro 50 % inspiración. Si buscas rodearte de personas inspiradoras que saben cómo hacer crecer un pequeño negocio y transformar sus vidas, nos encantaría tenerte en nuestro "Grupo comunitario de pequeños negocios". Puedes tener más información sobre eso AQUÍ.

Hacer crecer un pequeño negocio es difícil, pero la libertad que esperas podría estar a la vuelta de la esquina. Sigue adelante. Yo creo en ti.

Afectuosamente,
Michelle Merced
Merced Coaching

CORREO DE RUTA DE INTERÉS #5: EL CORREO DE VENTA

MUESTRA DE CORREO

Apreciado (nombre):

El problema es que las ideas y la inspiración que necesitas para hacer crecer tu negocio no aparecerán de repente en tu cabeza. En realidad, alguien tiene que ponerlas ahí.

Un mes tras otro, los miembros de mi "Grupo comunitario de pequeños negocios" comparten lo que les está funcionando para hacer crecer sus negocios, y el aprendizaje es increíble. Cuando nos reunimos, resolvemos los problemas los unos de los otros.

No solo eso, sino que dirigir un pequeño negocio puede sentirse como una tarea muy solitaria. Si eres como la mayoría de los dueños de pequeños negocios, sientes que el peso del mundo está sobre tus hombros y no estás seguro de cuánto tiempo más podrás soportarlo.

Unirte a un "Grupo comunitario de pequeños negocios" es sencillo. Primero, hagamos una llamada vía Zoom para que yo pueda comprender mejor cómo funciona tu negocio. Entonces, participa en una de las reuniones del grupo comunitario. Sé que puede ser difícil entrar a un lugar nuevo con un grupo de personas nuevas, pero creo que encontrarás amistades rápidamente en este grupo. Por último, si te gusta el grupo y quieres unirte a nosotros, has de saber que nos encantaría incluirte en la comunidad.

La respuesta a la mayoría de nuestros problemas puede encontrarse en comunidad. Alguien ahí afuera ya ha experimentado tus mismos desafíos y sabe cómo superarlos. Si te unes a una comunidad de diez dueños de pequeños negocios, tendrás diez veces más probabilidades de experimentar un avance.

Si quieres unirte a mi "Grupo comunitario de pequeños negocios", puedo explicarte cómo funciona en una llamada vía Zoom. Simplemente aparta un tiempo AQUÍ.

Brindo por tu éxito.

Chris Coleman
Coleman Community Coaching

Los correos de ruta de interés como los anteriores harán crecer tu negocio de *coaching*. Y si realmente quieres que tu negocio despegue, comienza a verte a ti mismo como un vendedor a tiempo parcial. Si empleas unas cinco horas por semana en generar posibles clientes, hacer seguimiento y cerrar tratos con esos posibles clientes utilizando tus secuencias de correos de ventas y de ruta de interés, seguramente tu negocio de *coaching* tendrá éxito.

COMIENZA CON LO PEQUEÑO Y VE ESCALANDO

Si todo esto te parece abrumador, comienza con lo pequeño y ve escalando. Por ejemplo, si no quieres crear tu propio CRM, simplemente puedes comenzar redactando cuatro o cinco correos del tipo copiar y pegar que puedes enviar manualmente a posibles clientes. Puedes comenzar con un correo de "gracias por conversar", que exprese aprecio y después enumere tus servicios. Incluso este correo por sí mismo hará crecer tu negocio de *coaching*. Desde ahí puedes avanzar hacia correos útiles de ruta de interés que envías de vez en cuando.

Al final, sin embargo, y si quieres crecer, establecer tu propio CRM será mucho más sencillo y agradable de lo que nunca pensaste.

Pues bien, ahora que hemos creado un menú de productos, generado una lista continua de posibles clientes, hecho el esquema de nuestra página web de *coaching* y establecido una campaña de correos de venta y de ruta de interés, vamos a crear un mapa de ruta para el cliente que lo invite a niveles más profundos de *coaching* con nosotros.

PASO CINCO

TRAZA EL RECORRIDO DE TU CLIENTE CREANDO UNA ESCALERA DE MERCADOTECNIA Y PRODUCTO

Tu negocio de *coaching* está despegando ahora. Si has hecho la mitad de las cosas de las que hemos hablado en los capítulos anteriores, ya estás dirigiendo un negocio de *coaching* más organizado que casi todos los otros *coaches*. La mayoría de los *coaches* lo hacen sobre la marcha. Tú eres diferente. Tú eres tan organizado como quieres que lo sean tus clientes y, debido a eso, experimentarás la clase de resultados que quieres que experimenten tus clientes.

Ahora, llevemos un paso más allá ese nivel de organización. Bosquejaremos el viaje de tu cliente en forma de una escalera de mercadotecnia y producto.

Conocer el viaje de tu cliente te ayudará a comprender dónde están en una escalera visual tus posibles clientes. Al relacionarte con un cliente futuro o existente, sabrás dónde está en su relación contigo y cómo guiarlo si quiere ir más lejos.

Como mencioné antes, todas las relaciones se mueven en un proceso lento y paso por paso. Si sabemos en qué paso están nuestros clientes, podemos ofrecerles un servicio de *coaching* mejor.

Otro motivo para crear una escalera de mercadotecnia y producto es porque, al hacerlo, podrías ayudar a tus clientes a crear una para su propio negocio. Creo que el viaje del cliente, usando el sencillo método que te presentaré a continuación, es una de las mejores maneras de ayudar al cliente a servir mejor a sus propios clientes y, a su vez, aumentar sus ingresos.

Antes de comenzar, veamos de nuevo el triángulo de relación y usémoslo para desarrollar una muestra de la escalera del viaje de nuestro cliente.

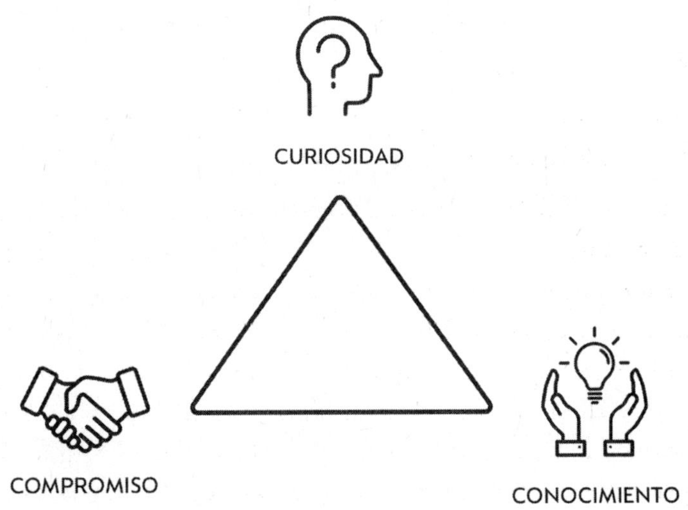

FASE UNO: CURIOSIDAD

Cuando los clientes nos conocen por primera vez, es nuestra esperanza que sientan curiosidad por si podemos ayudarlos o no a sobrevivir y prosperar. Lo único por lo que cualquiera siente curiosidad es la supervivencia, de modo que al inicio del viaje de nuestro cliente necesitaremos algunas herramientas que aumenten la curiosidad del posible cliente acerca de nosotros y de nuestros productos.

¿A qué me refiero con supervivencia? Las preguntas que los clientes plantean son tan sencillas como estas: *¿Cómo voy a pagar los salarios? ¿Cómo voy a ahorrar para la jubilación? ¿Cómo puedo ahorrar impuestos? ¿Cómo puedo trabajar menos horas, pero hacer más?* Estas son las preguntas que se plantean todos los dueños de negocios, y si lo pensamos, cada una de ellas tiene que ver con su capacidad de sobrevivir y prosperar.

El primer peldaño de la escalera de producto, entonces, tiene que abordar los recursos de mercadotecnia y ventas que utilizaremos para despertar la curiosidad de nuestros clientes haciéndoles saber, en pocas palabras, en pocas frases, cómo vamos a ayudarlos a sobrevivir y prosperar.

Con el propósito de crear una ayuda visual, vamos a convertir los tres lados del triángulo en una escalera.

En el viaje de tres pasos que un cliente toma para comprometerse con nuestros servicios de *coaching*, hay pasos pequeños en el medio. Si creas todos los recursos de mercadotecnia que aparecen en la página siguiente, generarás una cantidad enorme de curiosidad acerca de tu servicio de *coaching*, lo cual es la meta. Ciertamente, no tienes que crear cada uno de los recursos que menciono en la página siguiente. Por ejemplo, eventos gratuitos en persona que generan posibles clientes no son necesarios, sin embargo, son verdaderamente útiles para despertar el interés de un cliente. Mientras más cosas crees que despierten la curiosidad del cliente, más personas sentirán curiosidad acerca de tus servicios de *coaching*.

Al crear la escalera de tu cliente, empatizarás mejor con el estado de tu cliente y lo guiarás **más fácilmente por la experiencia de** ***coaching*** que le ofreces.

* Eventos que generan posibles clientes
* Secuencia de correos de ruta de interés
* Captadores de posibles clientes
* Página web
* Comentario ingenioso
* Presencia personal

¿QUÉ SIGNIFICA PARA EL CLIENTE CONOCERTE?

Imagina cómo es conocerte a ti en persona. Sé sincero. ¿Cómo es encontrarse contigo en un cóctel o pasar una hora contigo almorzando? Si *tú mismo* fueras a conocerte a ti por primera vez, ¿confiarías tu carrera profesional a tu servicio de *coaching*? Después de todo, eso es lo que estás pidiendo a los clientes que hagan. Les estás pidiendo que confíen su modo de vida a la sabiduría que tú ofreces y la comunidad que seleccionas y ofreces.

Examínate a ti mismo de modo sincero. ¿Eres calmado? ¿Eres alguien que sabe escuchar? Cuando alguien se reúne contigo, ¿parece que vas apresurado hacia dar un discurso de venta? ¿Cómo vas vestido? ¿Pareces competente? ¿Eres demasiado autocrítico para tomarte en serio o eres lo contrario: arrogante y condescendiente, una señal evidente de inseguridad?

Tú eres el mayor cartel anunciador para tu negocio. Tu actitud calmada, tu habilidad para ver el mundo desde el punto de vista de tu cliente, tu capacidad para empatizar e incluso comunicar tu empatía y, sí, incluso tu modo de vestir (como si te tomaras en serio tu trabajo y a tus clientes) despertará la curiosidad del cliente o no lo hará.

El objetivo para ti es el siguiente: quieres que tus clientes sientan que tú tienes algo que necesitan. Y ese algo es una mente en paz y organizada cuando se trata de desarrollar un negocio.

Si sigues los pasos de este libro, no tendrás que fingir esa confianza tranquila. Tendrás verdaderamente tus cosas en orden, y tu presencia misma mostrará que te interesas y que sabes lo que haces.

Una vez que tu presencia está centrada, entonces deberás tener un modo de expresar una oferta sincera. Es aquí donde interviene tu **comentario ingenioso** (básicamente, un discurso de venta). Si todavía no has creado un comentario ingenioso, hazlo ahora porque será una ayuda fundamental en una conexión exitosa.

Después de comunicar tu comentario ingenioso que ya has practicado y pulido, tienes algunas opciones. Si sientes que el cliente está interesado en saber más, ofrécele uno de los recursos de mercadotecnia que hayas creado para dar más conocimiento a posibles clientes acerca de cómo puede ayudarles tu servicio de *coaching*. Si crees que la curiosidad del cliente está ahí pero no parece motivado a comenzar su viaje, envíale otra herramienta que despierte su curiosidad, como tu página de inicio, un captador de posibles clientes, o un evento en vivo. Tal vez tu cliente debería acudir al desayuno mensual que ofreces o asistir a un seminario web. Sea lo que sea, cuando conoces cuáles son tus herramientas para despertar curiosidad, sabrás qué hacer con posibles clientes que no pagan todavía: dirigirlos a tu material para despertar su interés.

¿Qué herramientas puedes utilizar para despertar la curiosidad de tus clientes y ayudarlos a entrar en la fase de conocimiento de su relación contigo como *coach*?

HISTORIA DE UN *COACH*

Al venir de un rol de director creativo, sabía cómo gestionar un equipo y ofrecer resultados para mis clientes.

Sin embargo, mi joven familia necesitaba más de mí que lo que quedaba después de trabajar tantas horas.

Lo que yo no sabía hacer era desarrollar mi negocio o "ser un *coach*".

Al principio batallaba intentando actuar como otros *coaches* y convencer a posibles clientes de que confiaran en **mí**.

Sí, tenía los marcos de trabajo y sabía que la gente obtendría resultados, pero ¿por qué iba alguien a pagarme *a mí*?

Entonces, mediante una comunidad de *coaches*, entendí que los clientes eran atraídos a mí por la energía y claridad que yo aportaba (precisamente las cosas que yo intentaba reprimir como *coach*).

Cuando comencé a mostrarme como yo mismo, se acercaron más personas, se firmaron más contratos, y mi confianza aumentó.

Avancemos un par de años. Estoy ganando más dinero que nunca trabajando la mitad de las horas, y estoy presente diariamente en las vidas de mis hijos.

> El golpe de efecto llegó el mes pasado. Alguien le preguntó a mi hija en qué trabajaba yo, y ella respondió rápidamente: "Mi papá sonríe todo el día y ayuda a personas a que les guste su negocio otra vez. Y eso es lo que yo quiero hacer cuando sea mayor".
>
> **Jake Brown**
> *Coach* de negocios desde 2021

¿CÓMO PUEDES DESPERTAR LA CURIOSIDAD DE TUS CLIENTES?

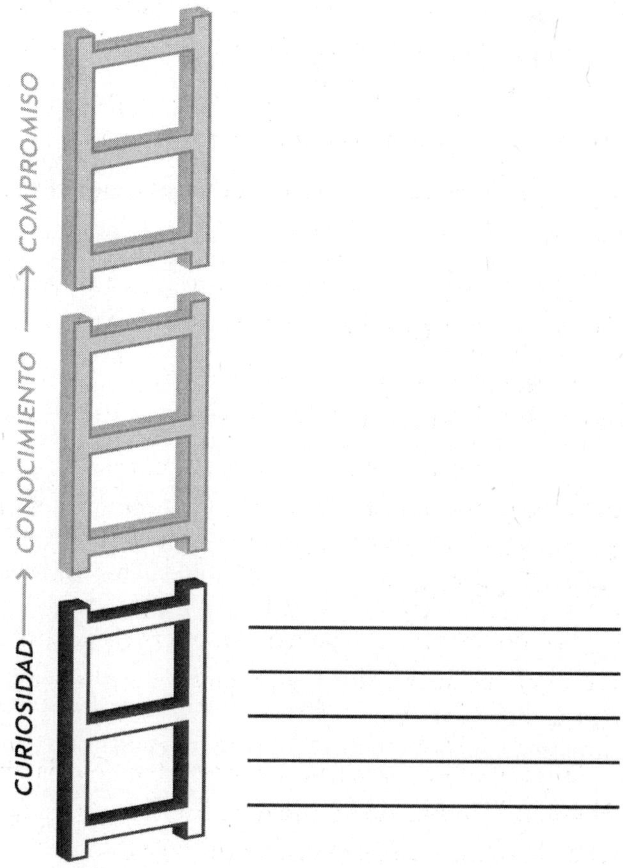

Ejemplos de herramientas para despertar esa curiosidad incluyen: tu comentario ingenioso, tu tarjeta de visita (con tu comentario ingenioso en el reverso), tu página web, tus captadores de posibles clientes, los eventos en persona como desayunos de negocios, cafés, eventos inspiracionales, tus propias presentaciones, y similares. Llena las líneas en blanco en la página anterior. Comienza con un sencillo paso que despierte curiosidad y amplíalo desde ahí. Recomiendo que tengas al menos tres pasos que despierten curiosidad, diseñados específicamente para despertar el interés de tus clientes acerca de cómo puedes ayudarlos a sobrevivir y prosperar.

Cuando hayas añadido al viaje de tu cliente algunos pasos que despiertan curiosidad, probablemente pasará a la fase de conocimiento.

Es cierto que algunas de tus herramientas para despertar el interés coincidirán con el territorio del conocimiento, pero está bien. La línea entre curiosidad y conocimiento es un poco difusa, pero comprendes la idea general: los clientes pasan de frases a explicaciones más extensas, todo lo cual es satisfecho por los recursos de mercadotecnia que tú creas.

FASE DOS: CONOCIMIENTO

Cuando el cliente ya tiene interés, querrás informarlo acerca de cómo tus servicios de *coaching* lo beneficiarán concretamente. La pregunta principal que tendrá el posible cliente es la siguiente: *¿Funcionará esto para para mí?* Tus recursos de conocimiento responderán, entonces, a esa pregunta y también a otras.

Si un futuro cliente ha visitado tu página web, ha descargado tu captador de posibles clientes y ha tomado una evaluación o tiene programado una hora de tu tiempo, entonces siente algo más que curiosidad. Ahora se pregunta si invertir o no en tus servicios de *coaching*.

Cuando un cliente utiliza un recurso de mercadotecnia o un producto de inicio, eso significa que quiere llegar a conocerte. Esta es una fase importante en cualquier relación de largo plazo, y no se puede pasar por alto. Esencialmente, tu cliente ha comenzado a tener "citas" contigo y, especialmente en estas primeras fases está evaluando el valor de tu servicio de *coaching*.

Si eso ayuda, puedes pensarlo de este modo: el recurso de conocimiento que creas dará a los posibles clientes una prueba gratuita (o asequible) de tus productos y servicios.

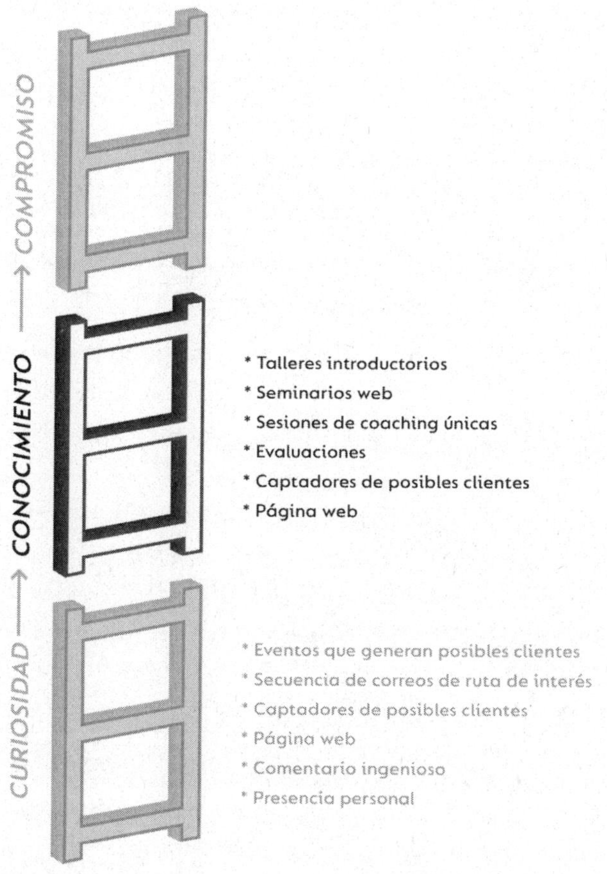

Dar al cliente pequeños pasos que puede tomar hacia la fase de conocimiento honrará el viaje emocional involucrado en tomar una gran decisión, como invertir en *coaching*. Yo aprendí cuán importante era esto cuando, hace años atrás, invité a unos cuarenta líderes de negocios a Nashville para un grupo MasterMind de un día de duración. La sesión fue una recompensa por haber comprado al menos cincuenta ejemplares de mi libro más reciente. Nunca quise que la interacción fuera más allá de eso, pero disfruté tanto ese grupo MasterMind que decidí hacer algo más e invitar a todos los asistentes a una reunión bianual en persona combinada con una llamada mensual en grupo vía Zoom. Cobré un precio razonable por el nuevo grupo MasterMind y me agradó descubrir que más del 40 % de los asistentes originales decidieron aceptar la oferta. No creo que más del 10 % habría aceptado la oferta sin haber asistido a aquel evento introductorio y libre de riesgos. Ese es el poder de crear productos de mercadotecnia e introductorios para cubrir la fase de conocimiento del viaje del cliente.

¿Por qué fue importante el evento introductorio en la secuencia de venta? Porque les dio a las personas una probada del producto y también conocimiento acerca del valor que recibirían.

¿CÓMO PUEDES INFORMAR A TUS CLIENTES ACERCA DEL VALOR QUE RECIBIRÁN?

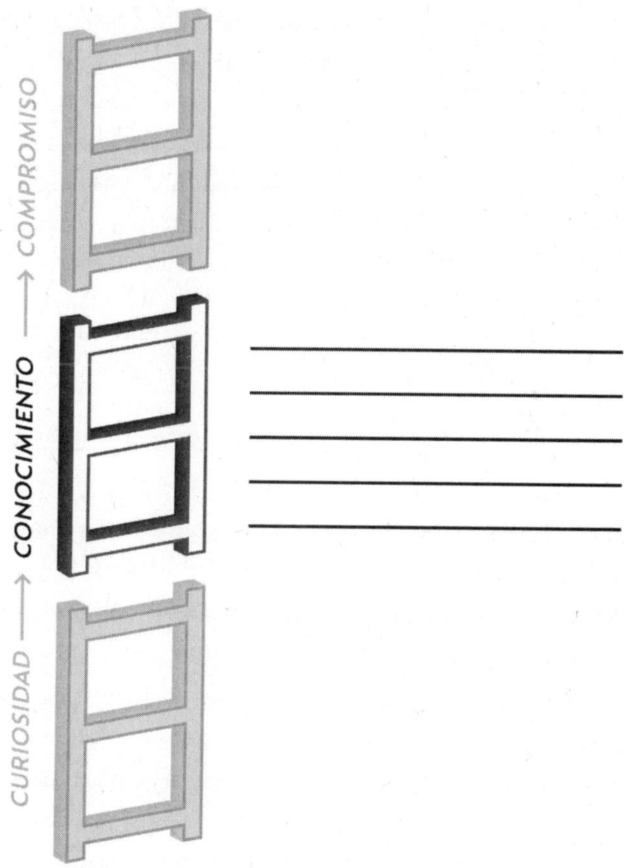

Ejemplos de herramientas de conocimiento incluyen: tu página web, tus captadores de posibles clientes, tus presentaciones **básicas**, tus evaluaciones, tu comentario ingenioso, sesiones de *coaching* enfocadas en un tema, tus talleres introductorios de un **día, tus seminarios web, y otros.**

FASE TRES: COMPROMISO

Algunos clientes pasarán rápidamente por las fases de curiosidad y conocimiento, y para algunos tomará años. Sin embargo, esto no tiene mucha importancia para ti. Lo que importa es que hayas creado suficientes recursos en las tres fases para que así tus clientes avancen a su propio ritmo. Ellos tomarán el paso siguiente si se sienten seguros y cómodos al hacerlo. Tu tarea, entonces, es asegurar que su siguiente paso exista y que ellos lo conozcan cuando sientan que necesitan avanzar.

La fase final, desde luego, es la fase de compromiso. Cuando un cliente entra en la fase de compromiso significa que está dispuesto a invertir su dinero, su tiempo y su futuro contratándote como *coach*.

Dicho eso, sigue habiendo una jerarquía de disposición de inversión. Algunos clientes solo querrán asistir a tu grupo maestro de nivel básico, y otros puede que quieran *coaching* individual, talleres, o unirse a un grupo MasterMind.

Como regla general, aproximadamente el 10 % de tus clientes de pago te pagarán 10 veces más por obtener algo más, mientras les hayas ofrecido suficiente valor y hayas dejado clara la oferta. Me refiero a lo siguiente: si tienes mil clientes que te pagan 100 dólares por un producto inicial (probablemente digital), puedes contar seguramente con que cerca de cien de esos clientes están dispuestos a pagarte 1000 dólares por una participación más fuerte, ya sea en una conferencia de un solo día o algo como un producto digital de nivel avanzado.

De esos cien clientes que están dispuestos a pagarte 1000 dólares, habrá aproximadamente diez que están dispuestos a pagarte 10 000 dólares por una participación todavía mayor, como un grupo MasterMind o un taller privado en el que guíes a su equipo en una experiencia de aprendizaje valiosa, como entrenamiento de liderazgo, ventas o mercadotecnia.

La noticia estupenda para ti como *coach* es que si creas una jerarquía de productos, un porcentaje de tus clientes existentes que obtienen valor de tus servicios de *coaching* invertirán cada vez más. Eso significa que el negocio crece sin tener que encontrar nuevos clientes constantemente. Hay muchas oportunidades de crecimiento para ti en tu clientela ya existente.

Esta verdad la supe cuando pasé un día entero con un amigo que era también seguidor de mi servicio de *coaching*. Era un seguidor tal, que en realidad había presentado algunos de mis marcos a decenas de sus amigos, cada uno de los cuales había invertido 275 dólares en uno de mis productos digitales. En una conversación informal, mi amigo me dijo que llamó a cada uno de sus amigos y les preguntó qué les parecía mi marca y mi oferta. Cada uno de ellos le dio la misma respuesta, dijo mi amigo. Me dijeron lo siguiente: "Me encanta el trabajo de Don; mi única queja es que me siento culpable. Él me ha hecho ganar mucho dinero, pero no tengo un modo de recompensarlo. Si tuviera un producto de más alto nivel, lo compraría".

Asegúrate de que tus productos comiencen como productos iniciales de bajo precio y se amplíen hasta todo lo alto que creas que los clientes están dispuestos a ir. A medida que proporciones cada vez más valor, un porcentaje de tus clientes pagarán ese precio para recibir cada vez más servicios de *coaching*.

Después de aquella conversación, me puse a trabajar en mi propio menú de productos y creé productos de mayor nivel para que más de mis clientes ya existentes pudieran contratar más de mis servicios de *coaching*. Puedes aprender de mí y crear tu propia jerarquía de productos mucho antes.

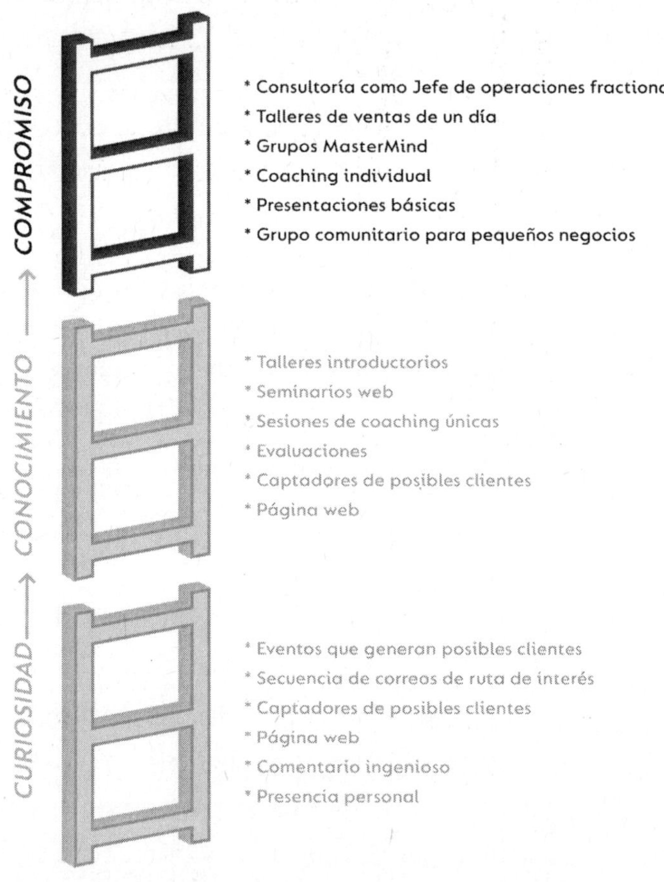

¿CUÁL ES TU JERARQUÍA DE PRODUCTOS?

Ejemplos de productos de compromiso incluyen: tu grupo comunitario inicial, tus grupos MasterMind, *coaching* individual, tus ventas privadas, liderazgo; o talleres de mercadotecnia, tus grupos MasterMind privados orientados a la demografía; y los servicios tradicionales de Jefe de operaciones, Director de riesgos o Director de mercadotecnia.

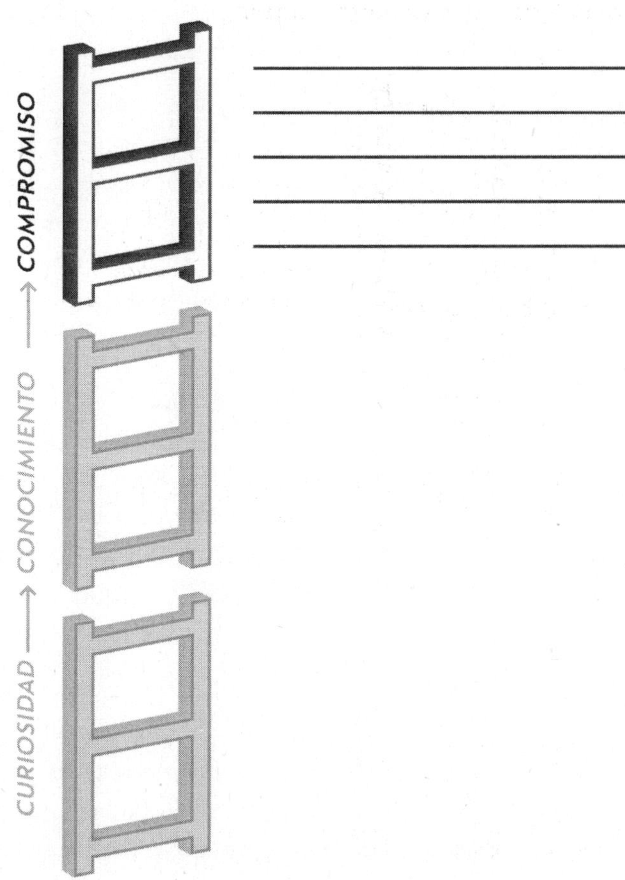

HISTORIA DE UN *COACH*

Era el año 2021 y yo trabajaba contratado como *coach* ejecutivo y consultor de desarrollo organizacional para un gran sistema de salud. Había ofrecido servicios de *coaching* por diez **años, pero siempre "dentro" de organizaciones.** Los empleos como asalariado son seguros, proporcionan beneficios médicos y un plan de pensiones. Sobre el papel, es la apuesta segura. A mí me gustaba lo seguro, pero no estaba dispuesto a aceptar tener un techo en mi salario y un control absoluto en mi disponibilidad y mi calendario.

Cuando me uní a una comunidad de *coaching*, ya tenía un segundo ingreso como conferencista, *coach*, y facilitador de desarrollo de liderazgo. Necesitaba cierto nivel de confianza en que realmente podía llegar a fin de mes antes de dar el paso hacia ser un emprendedor en solitario (es casi humorístico escribir estas palabras ahora, tres años después...).

En enero de 2021 uno de mis anteriores clientes se acercó y me pidió que hablara en la reunión anual de ventas de su empresa. Era una empresa tecnológica muy conocida y prometía ser un evento estupendo para la exposición personal. Armado con mi conocimiento de varios marcos de *coaching*, convertí una oportunidad de 4000 dólares en una oportunidad de oro de "venta desde la plataforma".

¿Cómo lo hice? Me reuní con el cliente para comprender cuáles eran los puntos complicados de los oyentes, y apunté a que el contenido fuera superior. Ese es un proceso tedioso, pero que vale la pena. Si hubiera dado esa charla antes de saber cómo ser un mejor *coach*, me habría detenido ahí.

En cambio, esto es lo que hice:

1. Pregunté al patrocinador si podía ofrecer *coaching* adicional a quienes estuvieran interesados (supe por mi relación con el patrocinador que cada empleado tenía

una cantidad de 2000 dólares al año para desarrollo profesional que podía utilizar como deseara).

2. Creé un programa de *coaching* en grupo de cuatro semanas que profundizaba en el tema del que hablé en la plataforma (*Cómo comunicar para conseguir resultados*), enseñándoles un marco que pudieran utilizar en sus situaciones de venta con posibles clientes y los ya establecidos.

3. Les di un esquema sencillo de página de inicio de ventas utilizando el marco de siete partes *StoryBrand*.

4. Incluí un botón colorido de llamada a la acción en la página de inicio (REGÍSTRATE AHORA) que recibía pagos al momento.

Cuando terminé mi charla de setenta minutos, cubrí brevemente toda la información acerca de participar en el grupo de *coaching* con compañeros, y entonces me despedí de los más de quinientos participantes en la llamada por video.

Aliviado porque la energía fue estupenda y la conferencia estuvo bien, me senté en mi escritorio y respiré hondo...

y entonces se produjo una locura.

Comenzaron a llegarme correos. Cada alerta nueva en mi bandeja de entrada era de alguien que se registraba para el grupo de *coaching*. En cuestión de treinta minutos, dos grupos quedaron completamente llenos y la lista de espera aumentaba.

Cuando la situación se calmó, me di cuenta de que mi charla de 4000 dólares se convirtió en una captación de ingresos de 50 000 dólares (al estar preparado para que personas pasaran a las sesiones de *coaching* en grupo). Fui capaz de seguir sirviendo a esos clientes de maneras diferentes a lo largo del año, lo cual supuso unos ingresos adicionales de 10 000 dólares por talleres que yo dirigía.

Estaba en camino de sustituir mis ingresos anteriores como asalariado. Con una sola conferencia había recibido una tercera parte de mi salario normal. Estaba en el buen camino, y tenía una receta para el éxito.

Sin la confianza que me dieron esos marcos, ni siquiera habría pensado en venderlos desde la plataforma y tener una oferta preparada para los participantes que quisieran profundizar más en una relación de *coaching* conmigo. En otras palabras, no habría capitalizado la destreza y experiencia que yo poseía y que otros necesitaban y querían.

Han pasado casi tres años desde ese evento, y estoy en camino de experimentar el mejor año de ingresos de mi carrera profesional hasta la fecha… todo ello como *coach*, conferencista y facilitador independiente.

Jason Daily
Coach de negocios desde 2011

CREA LA ESCALERA DE TU CLIENTE Y DEJA QUE LA ESCALERA HAGA EL TRABAJO

Si todo esto parece intimidante, no te preocupes. Cada parte de los recursos de mercadotecnia o la oferta de productos que creaste ayudará a hacer crecer tu negocio de *coaching*. No tienes que crearlo todo al mismo tiempo.

Lo único que tienes que hacer ahora es crear una escalera y después ir creando lentamente cada uno de los recursos en la escalera. Para algunos esto tomará meses, y para otros tomará años. Muchos *coaches* descubrirán que su calendario se llena mucho antes de terminar de crear todos los recursos de mercadotecnia y productos que querían crear. Si eso te sucede, felicidades. Dicho eso, completar cada uno de los productos de mercadotecnia te ayudará a escalar tu negocio de *coaching* y convertirlo en una agencia de *coaching,* si eso es lo que deseas. Hablaré más sobre eso en un capítulo posterior.

Por ahora, sin embargo, has de saber que mapear el viaje de tu cliente te dará una claridad extrema acerca de lo que ofreces, dónde está cada uno de tus clientes en el viaje al que lo estás invitando, y cómo va a crecer tu negocio de *coaching.*

Cuando hayas creado tu lista de productos, tu plan de mercadotecnia esté preparado, y hayas mapeado el viaje del cliente, es el momento de fijar algunas metas acerca de cuán rápidamente y hasta dónde quieres que crezca tu negocio de *coaching.*

Hablaremos sobre fijar metas, específicamente para *coaches,* en el capítulo siguiente.

PASO SEIS

ESTABLECE METAS REALISTAS Y ALCANZA ESAS METAS

Ahora que hemos examinado los bloques fundamentales para desarrollar un negocio de *coaching*, establezcamos algunas metas que darán cuerpo a la visión y nos mantendrán motivados.

La mayoría de nosotros tenemos la meta de iniciar un negocio de *coaching*, pero pocos tienen esas metas divididas en categorías específicas que nos mantendrán motivados y encaminados.

Sin metas, estás en el camino hacia ninguna parte. Como *coach* ya sabes eso, pero un número asombroso de *coaches* que conozco no tienen absolutamente ninguna meta, aunque asignan a sus clientes hacer ejercicios de establecimiento de metas. Eso es una hipocresía total. Tenemos que poner en práctica en nuestro propio negocio nuestros consejos de *coaching* si esperamos tener éxito.

Si queremos desarrollar un negocio de *coaching* exitoso que impactará al máximo posible de clientes y permitiría amasar riqueza personal en el proceso, recomiendo establecer metas en tres áreas fundamentales. Esas tres áreas fundamentales son: ingresos, posibles clientes calificados, y productos vendidos.

Ingresos. Estarás mucho más motivado a hacer crecer tu negocio de *coaching* si te pagan bien. Por lo tanto, ¿cuánto dinero quieres ganar como *coach* de pequeños negocios? ¿85 000? ¿125 000? ¿250 000?

La mejor manera de establecer tu meta de ingresos es preguntarte cuánto dinero necesitarás para vivir, cuánto dinero te gustaría invertir, y cuánto dinero te gustaría usar para donar generosamente. Suma esas cifras y tendrás una a la que puedes apuntar.

Cuando desgloses tus metas de ingresos en tres categorías (tu estilo de vida, tus inversiones y tus donaciones), la cifra puede que sea un poco más elevada de lo que pensaste. Eso está bien. Mientras más elevada sea la cifra, más ambiciosa será tu meta. Siente la libertad de soñar en grande. Al final, hacer negocio significa intercambiar dinero por soluciones, y si has dado los pasos descritos en este libro tendrás muchas soluciones que los clientes estarán contentos de pagar.

Alcanzar tu meta general de ingresos puede que tome uno o dos años, pero si pones en práctica los pasos de este libro, y si eres un buen *coach*, llegarás a ella.

Posibles clientes calificados. Para alcanzar tu meta de ingresos necesitarás fijar una meta de posibles clientes calificados. Sin posibles clientes, no tendrás a nadie a quien convertir en cliente de pago y ningún modo de obtener ingresos. No hace falta decir que, mientras más elevada sea tu meta de ingresos, más posibles clientes necesitarás para alcanzar esa meta.

Si quisieras ser el *coach* de veinte clientes por mes, ya sea individualmente o en un grupo pequeño, probablemente necesitarás unos dieciocho posibles clientes nuevos cada mes para alcanzar esa meta en el primer año. ¿Por qué? Porque aproximadamente el 10 % de las relaciones que establezcas (ya sea en persona o mediante campañas de correo automatizadas) se convertirán en clientes que pagan por tus servicios.

Si presentas tus servicios a 216 posibles clientes calificados en un año (es decir, 18 por mes), por ejemplo, descubrirás que 21.6 de ellos pasarán a ser clientes de pago. Por esta razón querrás establecer la meta de reunir un número fijo de posibles clientes nuevos cada mes. Para alcanzar tu meta de tener veinte clientes de pago, necesitarás 18 posibles clientes calificados cada mes. Si quieres tener 30 clientes de pago, necesitarás 25 posibles clientes cada mes. Atraer a ese número de posibles clientes no parece demasiado difícil, pero sin duda requerirá un esfuerzo enfocado.

Productos vendidos. Está claro que tus ingresos y tu salario solamente aumentarán si eres capaz de vender productos. Cuando estableces una manera (o varias maneras) de obtener posibles clientes, querrás convertir esos posibles clientes en clientes de pago. El mejor modo de hacerlo es identificar el problema con el que están batallando tus clientes y entonces ofrecer un producto de *coaching* que resuelva su problema.

Establecer una meta de ingresos es un gran comienzo, pero no es probable que alcances esa meta a menos que sepas *cómo* vas a alcanzarla. Y ¿cómo vas a alcanzar esa meta? Alcanzarás tu meta de ingresos vendiendo cierto número de cada uno de tus productos de *coaching*.

Por eso tus metas de posibles clientes e ingresos deberían dividirse por pieza de recurso de mercadotecnia y por producto. Esencialmente, querrás establecer una meta para cada peldaño en la escalera de tu cliente. Tus listas de metas (basadas en doce semanas) podría parecerse a lo siguiente:

METAS DE MERCADOTECNIA		
Comentario ingenioso y tarjeta de visita	10 por semana	120 total
Visitas en la página web	250 por semana	3000 total
1 Descarga PDF del captador de posibles clientes	40 por semana	480 total
2 Descargas de captador de posibles clientes: evaluación de línea	40 por semana	480 total
Correo de ventas captados y procesados	20 por semana	240 total

METAS DE PRODUCTOS VENDIDOS		
Llamada introductoria de coaching para evaluación	24 clientes	$199 cada uno
Llamada introductoria de coaching sobre un tema	12 clientes	$199 cada uno
Nuevas adiciones a mi Grupo comunitario de pequeños negocios	24 clientes	$249 cada uno
MasterMind mensual	12 clientes	$800 por cliente al mes
Taller de entrenamiento de ventas	4 clientes	$10 000 cada uno
Taller de estrategia de liderazgo	4 clientes	$10 000 cada uno
Coaching bimensual individual	6 clientes	$800 por cliente al mes
Servicio como Jefe de operaciones fractional	2 clientes	$25 000 cada uno

Si el *coach* que establece estas metas concretas alcanza su meta anual por producto, su tasa de proyección al final del año involucrará aproximadamente 4766 dólares por sus llamadas introductorias de *coaching* de evaluación, 2388 dólares por sus llamadas introductorias sobre un tema, 5976 dólares por su grupo comunitario de pequeños negocios, 115 200 dólares por su grupo MasterMind mensual, 40 000 dólares por sus talleres de entrenamiento de ventas, 40 000 dólares por sus talleres de estrategia de liderazgo, 57 600 dólares por sus sesiones de *coaching* individual, y 50 000 dólares por sus servicios como Jefe de operaciones *fractional*.

Este es un ejemplo de un *coach* extremadamente exitoso que, sin ninguna duda, está muy ocupado; pero podemos soñar, ¿no es cierto? Estos ingresos anuales como *coach* ascenderían a 315 930 dólares.

Mientras este *coach* establezca metas para medir sus posibles clientes, siendo ellas metas de mercadotecnia de embudo, debería ser capaz de alcanzar también sus metas de ventas de producto.

Podría tomar de veinticuatro a treinta y seis meses que un nuevo *coach* desarrolle su lista de clientes hasta este nivel, pero sin duda es factible si se gana la reputación de ser un *coach* que da resultados. He conocido a muchos *coaches* que dan un giro en su carrera profesional y ganan incluso más dinero que esas cantidades en tan solo seis meses.

Claro que puedes establecer más metas que las tres categorías que he incluido aquí, pero yo consideraría que estas tres categorías son fundamentales y necesarias.

PARA DESARROLLAR TU NEGOCIO, ALCANZA TUS METAS

Las metas son estupendas, pero a menos que se tomen en serio no serán útiles. A fin de alcanzar nuestras metas tendremos que hacer sacrificios, principalmente en el área de nuestro tiempo. Se requerirán varias horas cada mañana para desarrollar nuestro negocio de *coaching*. Las metas no son mágicas; son simplemente un punto en el mapa. Para llegar allí tenemos que comenzar a caminar, y si nuestras metas son ambiciosas tendremos que seguir caminando cuando todos los demás hayan abandonado.

PARA ALCANZAR TUS METAS, PASA A LA ACCIÓN

Como *coach*, probablemente has observado cuán diversas son las personas realmente exitosas. Algunas son inteligentes, y otras no son tan brillantes. Algunas son muy expresivas y otras son tranquilas. Algunas son encantadoras; otras son sosas. De hecho, sería fácil pensar que no hay una clase concreta de personas que tienen éxito. Hay una excepción. Excepto por una característica que todas ellas tienen en común: las personas exitosas tienen una fuerte tendencia hacia la acción. Se mueven. Hacen cosas. Hacen que existan cosas que no existían anteriormente.

Probablemente habrás observado eso en tus clientes. Puedes asesorar a un cliente por años y parece que no puede lograr hacer las cosas y, sin embargo, hay otros que, con solo una pequeña cantidad de conocimiento, moverán montañas. La diferencia está en su disposición a pasar a la acción, claro está. Si eso es cierto para nuestros clientes, también es cierto para nosotros.

El poder de hacer cosas siendo más efectivo que quedar perdido en el pensamiento, fue un cambio de paradigma para mí. Experimenté el cambio, en parte, mientras escuchaba un audiolibro titulado *Implacable*, de Tim Grover. Grover entrenó a Michael Jordan durante y a lo largo de su mejor época. Lo que me intrigó mientras escuchaba el libro fue el diferenciador que Grover dijo que destacaba a los deportistas de la mayor elite del mundo. No era la habilidad o la inteligencia, aunque muchos de los deportistas de élite tienen ambas cosas; sino ese impulso implacable de ganar junto con la disposición a pasar a la acción.

El punto es el siguiente: aunque hay muchas personas que crean estrategias para tener éxito, quienes sí tienen éxito al mayor nivel son quienes se levantan de la cama y hacen que eso suceda.

Si compraste este libro, podrías ser la clase de persona a quien le gusta prepararse; pero también podrías ser la clase de persona que se queda atascada haciendo preparativos y que nunca hace un movimiento.

Haz un movimiento.

Pero antes de hacerlo, esto es lo que te sucederá en el momento en que comienzas a desarrollar o hacer crecer tu negocio de *coaching*: te sentirás perdido. Tendrás la sensación de que no sabes lo que haces. Querrás dejar de hacer cosas y comenzar a pensar de nuevo.

No me malentiendas. La preparación es importante. Cuando nos preparamos, nuestras acciones llegan más lejos y tenemos un mayor impacto; sin embargo, nunca estaremos preparados al cien por ciento. En algún momento tendremos que avanzar hacia nuestras metas con una firme determinación que persevera en medio de la distracción.

¿Puedes imaginar si Michael Jordan, Usain Bolt, Serena Williams, o cualquier otro deportista de talla mundial decidiera no jugar hasta estar completamente preparado? Si esperaran hasta sentirse preparados, nunca sabríamos quiénes son. No. Los deportistas de talla mundial, y también los *coaches* de talla mundial, juegan aunque estén lesionados. Juegan aunque tengan miedo. Juegan ante la presión. Se mueven y no dejan de moverse porque todos ellos han descubierto que el movimiento es su ventaja secreta. Que todos los demás sigan pens**ándolo** otra vez. Mientras la competencia esté pensando, tú estarás corriendo hacia la línea de meta.

Sin importar cuán bueno sea tu plan, se sentirá incompleto. Desarróllalo de todos modos. Puedes ir arreglando cosas mientras te mueves. No pongas excusas. Alcanza esas metas.

QUÉ HACER SI FRACASAS

Los *coaches* de negocios son personas ambiciosas. Tienen que serlo. ¿De qué otro modo sino ayudaremos a ganar a nuestros clientes? Sin embargo, para una persona que psicológicamente se hunde o pretende nadar basándose en si alcanza sus metas o no, quedarse corto puede ser debilitante.

Pues bien, quedar totalmente destruido porque no alcanzase tus metas es algo bueno. Si te molesta no alcanzar tus metas, eso significa que no te gusta conformarte con nada menos que la excelencia, lo cual es algo bueno para cualquiera que finalmente quiera ganar.

Cuando no alcanzas tus metas, acepta algún consejo de... bueno... de ti mismo. Me refiero a eso. ¿Qué le dirías a un cliente que hizo las cosas bien pero no alcanzó sus ambiciosas metas? Está claro que le aconsejarías que mirara todo lo que hizo bien, repitiera esos esfuerzos, y después enumerara todo lo que salió mal y aprendiera de esos errores.

Hubo muchos años en los que yo no alcancé mis metas de negocios, pero, al mirar atrás, aquellos fueron los años que fomentaron la mayor creatividad y dedicación. De hecho, a menudo les digo a mis clientes: "Estás solamente a unos pocos grandes errores de distancia de ser un maestro en tu profesión".

Otra cosa importante en la cual pensar cuando no alcanzas tus metas, es si en realidad tus metas eran o no demasiado ambiciosas para esa etapa de tu negocio de *coaching*. Si buscas desarrollar un negocio de *coaching* multimillonario, tomará tiempo organizar tu oferta, aclarar tu mensaje, desarrollar tu lista de clientes, contratar *coaches* que trabajen para ti, y aprender a dirigir ese negocio. No esperes que el éxito extremo se produzca de la noche a la mañana.

REPASA TUS METAS SEMANALMENTE Y AJUSTA TU ESTRATEGIA A MEDIDA QUE AVANZAS

Deberás repasar frecuentemente tus metas, juntamente con cómo estás midiendo esas metas. De hecho, no es una mala idea repasar tus metas como parte de tu ritual matutino. Si tienes un equipo, piensa en repasar tus metas como agencia una vez por semana durante tus reuniones de todo el equipo.

Cuando repases tus metas, sabrás si estás por detrás o no en cuanto a atraer a posibles clientes calificados y ajustarlas creando un nuevo captador de posibles clientes, o quizá promocionando un captador ya existente. Examinar tus metas de ingresos te dirá si necesitas o no añadir un nuevo cliente de pago o tal vez elevar tus precios. Solamente ajustaremos nuestra estrategia (y nuestra motivación) cuando nuestras metas están siempre presentes en nuestras mentes.

Por último, celebra cuando alcances tus metas. Si es una meta pequeña, date algún capricho especial. Si alcanzas una gran meta, cómprate un reloj de pulsera u organiza una cena con tu cónyuge. Si tienes un equipo, llévalos a todos a ver una película si alcanzaste una pequeña meta, o llévalos de viaje si alcanzas una gran meta.

El motivo para querer celebrar tus metas es porque eso aumentará tu ímpetu y evitará el agotamiento. Si solamente trabajas sin descanso para seguir trabajando, no disfrutarás de tu negocio, pero si tu negocio te ofrece un trabajo duro y significativo seguido por recompensas agradables, el ciclo virtuoso generará resultados estupendos e incluso una mejor calidad de vida.

Es mi esperanza que los seis primeros pasos en este libro aseguren tu éxito como *coach* de negocios. Hablemos ahora sobre compartir tus logros (y tus desafíos) con una comunidad.

Cuando eres un *coach*, estás invirtiendo constantemente tu mente y tu corazón para el beneficio de otros. A menos que tengas una comunidad que invierta en ti, probablemente te agotarás. El paso siguiente a la hora de desarrollar tu negocio de *coaching,* entonces, no se trata tanto sobre hacer crecer tu negocio sino sobre tu crecimiento personal.

A continuación, hablaremos acerca del poder de rodearte de una comunidad de *coaches* a los que llamas amigos.

PASO SIETE

DESARROLLA O ÚNETE A UNA COMUNIDAD DE *COACHING* QUE TE AYUDE EN TU CRECIMIENTO Y TAMBIÉN EN EL DE TU NEGOCIO

Cada dos semanas me reúno con mi *coach* de negocios. Mi *coach* me ha ayudado a abordar los retos del liderazgo, a establecer metas de ingresos, lanzar visión para mí mismo y mi familia, y mucho más. ¿Por qué me reúno con un *coach* de negocios? Porque creo en el poder del *coaching*, no solo para mis clientes sino también para mí mismo.

No solo eso, sino que cada mes me reúno con un grupo de *coaches* para compartir mejores prácticas y ánimo. Nos reunimos en una llamada vía Zoom un día establecido cada mes y conversamos acerca de los retos que hemos encontrado durante el mes anterior. Todavía no he estado en una de esas llamadas en las cuales no obtuviera una perspectiva valiosa, sin mencionar el ánimo y el apoyo que recibo.

Todo gran *coach* puede contar una historia acerca de alguien que fue su *coach*, y muchos de ellos también pueden contar historias acerca de la comunidad de *coaches* con la que se relacionan semanal o mensualmente. Los buenos *coaches* están al lado de otros buenos *coaches*.

Uno de mis documentales favoritos se titula *El arte del coaching*, el cual capta un encuentro anual entre el *coach* de fútbol universitario Nick Saban y el *coach* de fútbol profesional Bill Belichick. En conjunto, los dos *coaches* han ganado trece campeonatos nacionales o Supertazones. Hace décadas atrás, los dos *coaches* trabajaban juntos en Cleveland y ha seguido siendo amigos desde entonces.

Al ver conversar a los dos hombres, quedó claro para mí por qué los dos han tenido éxito. Cada uno de ellos es intensamente curioso acerca de la respuesta a dos preguntas: en el fútbol, ¿qué funciona y qué no funciona? Eso es realmente todo. De hecho, son más que curiosos; están obsesionados con las respuestas a esas dos preguntas. Ni el *coach* Saban ni el *coach* Belichick están satisfechos con su nivel actual de comprensión del fútbol. En cambio, siguen buscando maneras nuevas de ganar.

Al principio del documental, el *coach* Belichick pidió al equipo que saliera de la sala. Él y el *coach* Saban no se habían visto en casi un año, y por eso el *coach* Belichick quería ponerse al día personalmente antes de comenzar a grabar. El equipo salió de la sala, pero accidentalmente dejaron encendidas las cámaras y los micrófonos, y lo que sucedió a continuación fue en cierto modo humorístico. El *coach* Belichick observó mientras el equipo salía, saludó al *coach* Saban con un gesto personal, y se sentó. Yo pensé que el *coach* Belichick podría hacer una pregunta personal acerca de la familia del *coach* Saban o de su salud, pero no lo hizo. En cambio, la primera pregunta del *coach* Belichick fue sobre el tipo de defensa que había planteado Saban el año anterior en Alabama. En otras palabras, estos dos hombres están tan obsesionados con ganar en el fútbol, que incluso sus conversaciones privadas y personales son sobre fútbol. No pude evitar reír ante aquella conversación. Y, sin embargo, es esclarecedora, ¿no es cierto? Muéstrame a alguien que tenga éxito al mayor nivel y yo te mostraré a alguien que está afectado por una obsesión.

Sin embargo, mi propósito al contar la historia de Belichick y Saban no es sobre la obsesión; es sobre la amistad y la comunidad. Hay solamente un puñado de personas en todo el mundo a las que estos dos hombres pueden hablar acerca de su obsesión. La mayoría de los entrenadores de fútbol quieren ganar, pero ¿están obsesionados la mayoría de los entrenadores de fútbol?

¿Qué es lo que genera grandeza en un ser humano? Yo apostaría dinero a tres cosas: una obsesión con lo que funciona, la habilidad para trasladar lo que funciona a procesos repetibles y, finalmente, la comunidad que les ayuda a desarrollarse y ejecutar lo que funciona.

La mayoría de los *coaches* de negocios (de hecho, la mayoría de los emprendedores) tienen los dos primeros puntos de esa lista integrados profundamente en su ADN. Es el tercer elemento con el que muchos de nosotros batallamos. Simplemente no nos juntamos con otros *coaches* e intercambiamos información que podamos utilizar para mejorar nuestros resultados y los resultados de nuestros clientes.

REUNIRTE CON OTROS *COACHES* TE AYUDARÁ A GENERAR MEJORES RESULTADOS PARA TUS CLIENTES

Los *coaches* de negocios podemos aprender algunas cosas de psiquiatras y terapeutas, no solo personalmente sino también profesionalmente. Yo tengo algunos amigos que dirigen consultas de consejería exitosas, y fue interesante descubrir que muchas consultas de consejería realizan reuniones regulares en las cuales sus terapeutas conversan entre ellos acerca de los retos de sus clientes. No estoy hablando de chismes. Estoy hablando de una reunión rutinaria en la cual los terapeutas comparten lo que está sucediendo en el mundo de sus clientes y los otros terapeutas hablan sobre el tratamiento que el terapeuta ofrece. ¿El resultado? Los clientes mismos obtienen la sabiduría de varios consejeros que hablan a sus vidas. Sin duda, estas conversaciones son confidenciales, y los clientes mismos (que no están en la reunión con los otros terapeutas) están de acuerdo con el proceso, pero ¿quién no lo estaría? Si hay cuatro terapeutas en la reunión privada, el cliente obtendrá cuatro veces la perspectiva y la sabiduría.

Igual que una página web clara, el captador de nuevos clientes y un sistema de correo de ruta de interés desarrollarán tu negocio, juntarte con otros *coaches* realmente puede que sea más importante, porque esos otros *coaches* tendrán sabiduría acerca de crear una página web clara, captadores de nuevos clientes, campañas de correo, y el resto de las prácticas de negocio fundamentales. Añadamos a eso el ánimo emocional que obtenemos cuando nos implicamos en una comunidad de *coaching*, y descubrirás que una comunidad es un elemento fundamental en el crecimiento de tu negocio de *coaching*.

REUNIRTE CON OTROS *COACHES* PUEDE AYUDARTE A HACER CRECER TU PROPIO NEGOCIO

Otra reunión a la que yo asisto una vez al año es una reunión con otros diez escritores sobre negocios. Normalmente nos juntamos en mi casa y pasamos un día conversando sobre cómo desarrollar un mejor negocio como escritores y conferencistas. A causa de estas reuniones, mis libros están mejor escritos porque he aprendido mucho acerca de cómo estructurar un libro; mis libros se venden mejor porque he aprendido mucho más sobre cómo vender un libro; mis honorarios como conferencista han aumentado porque he aprendido cuál es mi valor real; y, sobre todo, he aprendido más sobre **cómo estructurar una charla para** causar un impacto máximo.

Yo diría que el conocimiento que obtengo durante esa reunión anual de escritores de un día de duración es más del que he recibido de los cincuenta libros o más que he leído acerca de escribir y dar conferencias. Hay pocas experiencias más poderosas que juntarte con un grupo de iguales experimentados con la intención enfocada de descubrir cómo podemos mejorar en nuestra profesión.

Tengo tanta fe en el poder de esas reuniones, que cada año en Nashville mi empresa (Business Made Simple) realiza una cumbre en la cual nuestros *coaches* de negocios certificados y nuestros profesionales de mercadotecnia certificados se reúnen para compartir mejores prácticas.

Llevamos a la cumbre a conferencistas y profesionales del entretenimiento, pero soy bastante sincero con la comunidad en que no hay nada que nosotros podamos proporcionar que hará crecer sus negocios individuales con más rapidez que las conversaciones informales que ellos mantendrán en los almuerzos y las cenas. Son las conversaciones sinceras acerca de lo que funciona y lo que no funciona lo que más mejora nuestras habilidades.

SIN UNA COMUNIDAD, PODEMOS ESTROPEAR NUESTRAS CARRERAS Y NUESTRAS VIDAS

De vez en cuando vemos a un líder implosionar. Puede ser doloroso de ver. Cuando un líder de negocios, religioso o político implosiona, normalmente es el último paso en un largo viaje que se dirigía hacia una implosión desde el inicio.

El primer paso de una implosión, bajo mi punto de vista, es alguna forma de elitismo consciente o inconsciente. El líder era parte de una comunidad, y en esa comunidad el líder compartía mejores prácticas con sus compañeros como un igual. A medida que el líder fue cada vez más exitoso que sus iguales, sin embargo, comenzó a dar más consejos de los que recibía.

Pero esta tendencia a considerarnos a nosotros mismos superiores a otros no se genera desde un lugar de fortaleza. Se genera desde una herida.

La razón por la que un líder quería tener éxito al inicio puede que fuera porque quería demostrar que todos sus detractores estaban equivocados. Creía que era especial y estaba ahí para demostrarlo. Cuando lo demostró, y cuando todos estuvieron de acuerdo en que era talentoso, su ego se sintió cada vez menos cómodo al recibir consejos de sus iguales. Si alguien se atrevía a declarar verdad a la vida de esa persona, daba un paso atrás en esa relación y lentamente comenzaba a sustituir sus fuentes de retroalimentación sincera por subordinados que alimentaron su ego. Entonces, separado de la verdad acerca de sus propios defectos de carácter, comenzó a creer las voces dentro de su propia caja de resonancia y compró la idea de que era especial, que las reglas no se aplicaban a él o ella. Y es entonces cuando comenzó a quebrantar las reglas. Después de eso lo atraparon, luego implosionó y su carrera quedó destruida.

Casi todos los líderes destacados que han implosionado siguieron esa senda exactamente. Algunos de estos líderes han sido capaces de reconstruirse, pero la mayoría de los líderes que sufren este tipo de implosión son incapaces de recuperar la influencia que antes disfrutaban.

¿Cómo comenzó la caída del líder? Comenzó cuando dejó de escuchar a su comunidad y sustituyó esa comunidad por una imagen elevada de sí mismo. Comenzó cuando ya no creía la verdad de que todos tenemos retos que hay que abordar y que esos retos nunca terminan.

La verdad acerca del éxito es que proviene del trabajo duro, la humildad y la resistencia. A menudo, personas que tienen éxito se vuelven un poco arrogantes cuando llegan a lo más alto y creen erróneamente que es esa arrogancia la que les moldeó. Te aseguro que la arrogancia no importa. Lo que les hizo llegar hasta allí fue el trabajo, la dedicación, y la comunidad de grandes jugadores, *coaches* y entrenadores con los que pasaban tiempo.

Hace poco tiempo vi una entrevista a Warren Buffett. El entrevistador le preguntó acerca del secreto de su éxito, y en lugar de responder a la pregunta, Buffett comenzó a hablar sobre su asistente estupendo, sus socios de negocios de toda la vida, y su equipo tan increíble. Habló sobre su vida familiar, que ha viajado en avión solamente en dos ocasiones en los dos últimos años porque le gusta estar en la casa con sus amigos y su familia. En un momento de la entrevista, Buffett explicó incluso que, con noventa y dos años de edad, no era ni siquiera la fuente de sabiduría experimentada en su empresa, que su socio Charlie Munger, que en ese momento tenía noventa y cinco **años, fue un factor fundamental en su propio éxito. Buffett explicó que él** solamente tenía un nivel normal de inteligencia, que no había nada especial en **él**, y que su éxito estaba construido sobre una curiosidad genuina acerca de lo que hace exitoso un negocio y, sobre todo lo demás, amistades con quienes también aman el juego de la inversión.

Todas las formas de *coaching*, incluido el *coaching* de negocios, pueden causar graves distorsiones en nuestro ego. Mientras más consejos demos, y mejores resultados experimenten nuestros clientes, más tentador será creer que hay algo especial en nosotros. No creas eso. De hecho, si quieres ser el mejor, comprométete a permitir que otras personas crean que eres el mejor, pero nunca creas eso de ti mismo. Mantente humilde. Sigue aprendiendo. Permanece en comunidad.

La mayoría de los líderes que caen de sus posiciones elevadas tienen una cosa en común: estaban solos cuando cayeron. Ya habían apartado a todos los demás.

SI NO TIENES UNA COMUNIDAD, CONSTRUYE UNA

Entonces, ¿qué haces si no tienes una comunidad de *coaches* con la que puedas compartir tiempo? Puedes crear una.

Si nunca has creado una comunidad, no lo pienses demasiado. Sinceramente, la comunidad se crea de modo muy sencillo. Una comunidad tiende a tomar forma cuando las mismas personas se juntan varias veces. Eso es en realidad. Puede parecer extraño reunir a un grupo de *coaches* para conversar acerca de sus negocios de *coaching*, pero descubrirás que esa incomodidad se evapora mientras más veces se junten.

El problema es que la mayoría de las personas que intentan crear una comunidad nunca llegan más allá de la segunda o la tercera reunión incómoda. Piensan que el grupo no está funcionando, y que las personas no se abren o comparten algo de valor. No permitas que eso evite que te reúnas. Sigue asistiendo. La comunidad toma tiempo, pero cuando está creada, los beneficios son sustanciales.

Con el tiempo descubrirás que después de la décima o undécima reunión comienzan a conectar como viejos amigos que trabajan juntos en el mismo equipo. Por años me reuní cada seis semanas con un grupo de afroamericanos dueños de negocios. Durante las primeras cinco o seis reuniones, ciertamente sentía que yo era el único hombre de raza blanca y no estaba seguro de cómo encajaba en el grupo que yo mismo había creado. Ahora, ese grupo lo siento como una familia. Nuestro pequeño grupo pasó de consistir en reuniones tensas e incómodas, en las que un grupo de desconocidos discutía sobre nuestras metas, a convertirse en amigos que se interesaban profundamente en las historias de los demás. Y ¿cuál fue la receta para este éxito? Fue el tiempo. No fue el formato que creamos, las preguntas que planteamos o los marcos que discutíamos. Fue simplemente el poder del tiempo empleado.

LOS GRANDES ESTÁN JUNTOS

Las personas que alcanzan importancia cultural e intelectual no se vuelven grandes solo porque trabajan duro, aunque ciertamente lo hacen. Se vuelven grandes porque se impulsan mutuamente a ser grandes. ¿Sabías, por ejemplo, que Leonardo DiCaprio y Tobey Maguire eran buenos amigos mucho antes de que se hicieran famosos? También Matt Damon y Ben Affleck.

No me sorprendió leer hace unos años atrás que Victor Frankl (mi psicólogo favorito) había sido amigo de Sigmund Freud cuando Frankl era un adolescente en Viena. Carl Jung también hizo un famoso viaje a Viena para una reunión de trece horas con Freud. ¿Alguna vez te has preguntado por qué Viena produjo tantos psicólogos fundamentales entre 1880 y 1950? Alfred Adler, Sigmund Freud, Viktor Frankl, Josef Breuer, Anna Freud, Melanie Klein, y unos años después, Heinz Kohut y Bruno Bettelheim. Cada uno de estos psicólogos surgió de Viena alrededor de comienzos del siglo XX. ¿Coincidencia? Lo dudo. Creo que es más probable que los seres humanos sean seres comunitarios, y cuanto mejores sean sus comunidades, más influyente será su trabajo.

Viena tenía a comienzos del siglo XX un robusto sistema universitario combinado con una cultura de cafetería que fomentaba la colaboración abierta. **¿Eran los psicólogos en Austria y Suiza más inteligentes que los psicólogos en los Estados Unidos, Japón o Zimbabue? Es dudoso. Simplemente conversaban mucho más entre ellos, razón por la cual crearon tales obras fundamentales. No solo eso, sino que publicaban en las mismas revistas, daban conferencias en las mismas salas de conferencias y construían sobre los trabajos de los demás.**

Lo mismo puede decirse sobre la música clásica en Viena y el *ballet* en Rusia, la actuación en Hollywood, la fabricación de vehículos en Detroit, el *hockey* en Canadá, y muchas otras cosas.

Nuestras comunidades son indicadores de nuestro éxito mucho mayores de lo que la mayoría de nosotros creemos. Thomas Jefferson y John Adams estaban famosamente conectados como amigos y también como rivales, y se escribieron cartas el uno al otro hasta su respectiva muerte el mismo día: 4 de julio de 1826. Su amistad los estimulaba mutuamente a crear obras fundamentales sobre las cuales se siguen construyendo actualmente ideas democráticas. Hacia el final de sus vidas, Adams escribió a Jefferson:

> Una carta tuya evoca recuerdos muy queridos para mi mente. Me lleva de regreso a los tiempos cuando, asolados por dificultades y peligros, somos compañeros de trabajo en la misma causa, batallando por lo que es más valioso para el hombre: su derecho de autogobierno. Al trabajar siempre en el mismo remo, con alguna ola siempre por delante y amenazando con superarnos y, aun así, pasando por debajo sin hacernos daño, sin que supiéramos cómo, atravesamos la tormenta con corazón y manos, y llegamos a puerto seguro.

Esta es la verdad: si juegas en un equipo que está avanzando en una gran causa, irás mucho más lejos en tu vida y tu carrera profesional que si trabajas en solitario.

No somos criaturas independientes. Estamos diseñados para unirnos a una comunidad y fortalecernos mutuamente para servir mejor al mundo.

Hay muchos otros *coaches* de negocios en tu zona. Probablemente hay otro *coach* de negocios en tu propio barrio. Pregunta por ahí. Escribe algo en tus canales de redes sociales que diga que estás buscando otros *coaches*. Júntense para tomar un café, y sigan reuniéndose hasta que se hagan amigos. Estimúlense el uno al otro. Es más difícil darse por vencido cuando estás haciendo algo difícil con amigos.

Si no tienes una comunidad de *coaches,* encuentra una o crea una. Tu éxito y el éxito de tus clientes puede que dependan de la comunidad a la que te unes o tú mismo creas.

PASO OCHO

DOMINA LAS HABILIDADES SOCIALES DEL *COACHING*

Hasta ahora hemos hablado principalmente sobre los manuales, procesos y marcos que se requieren para desarrollar un negocio de coaching exitoso; sin embargo, como todos sabemos, gran parte de ese éxito dependerá de las habilidades sociales. En breve, para ser un buen *coach* necesitamos que se nos dé bien tratar con las personas y, bueno, las personas son complicadas.

Cuando hablamos sobre habilidades sociales, en realidad estamos hablando de las características necesarias para que un *coach* construya confianza con sus clientes.

Por mucho que yo crea en los manuales y los marcos, si se te dan mal las personas fracasará tu negocio de *coaching*.

En cierto modo este capítulo parece innecesario en un libro para los que quieren ser *coaches*. Cualquiera que esté interesado en el *coaching* probablemente tendrá buena mano con las personas. Una de las razones por las que este libro se enfoca tanto en un plan de acción paso a paso es porque probablemente ya tienes resueltas las cuestiones relacionadas con las personas.

Sin embargo, perfeccionar las habilidades necesarias para conectar solo puede ayudar. Por lo tanto, este capítulo se queda en el libro. Mientras mejor nos relacionemos con las personas, mejor será el "producto" que entregaremos como *coach*. En definitiva, el *coaching* es sobre todo una relación con un cliente.

Para comenzar, sin embargo, hablaremos de un cambio de paradigma que muchos *coaches* que nos han precedido han descubierto a lo largo de los años: no vas a tener una gran amistad con tus clientes. No me malentiendas; en muchos aspectos, el tipo de relación que tendrás con tus clientes será incluso más cercana que la de una amistad; sin embargo, la realidad es que la mayoría de los clientes de *coaching* no están buscando un amigo. Lo que buscan (tal vez sin ni siquiera saberlo) es un mentor, alguien que sepa más que ellos y pueda enseñarles qué hacer con la situación desafiante en la que están inmersos.

Dicho eso, veamos algunas habilidades sociales que nos ayudarán a entregar un servicio de *coaching* asombroso. A continuación, tenemos cinco características que tienen en común los grandes *coaches* por lo que respecta a construir una relación de confianza.

CARACTERÍSTICA UNO: DESEMPEÑAN EL PAPEL DE GUÍA

Cuanto antes acepte un *coach* su responsabilidad como guía en las vidas de sus clientes, más obtendrán realmente sus clientes de la relación.

¿Qué es un guía? Un guía es el personaje en la historia que existe puramente para ayudar a ganar al héroe.

El guía es importante en una historia porque, sin el guía, el héroe estaría perdido. El guía, entonces, interviene en la historia y ayuda al héroe para saber qué hacer, normalmente basándose en los antecedentes del guía en los cuales conquistó el mismo desafío amenazante que enfrenta el héroe ahora.

Aunque la historia siempre se trata sobre el héroe, este no es el personaje más fuerte en la narrativa. De hecho, el guía es el personaje más fuerte. El guía ha superado el temor del héroe, ha desarrollado un plan, ha entrenado a otros héroes, y da apoyo emocional (y sabiduría práctica) que el héroe puede utilizar para salir victorioso.

¿Cuáles son las características de un guía? Hay muchas, pero a continuación tenemos las dos más importantes:

1. **Tiene empatía.** Cuando nos identificamos con las frustraciones de nuestros clientes, las comprendemos y podemos compartirlas, creamos un vínculo con ellos que es profundo. Como dueños de pequeños negocios, nuestros clientes se sienten abrumados e incluso atrapados; en caso contrario, probablemente no habrían buscado nuestros servicios de *coaching*. Afirmaciones como "recuerdo cuando esto sucedió en mi propio negocio. Estaba tan frustrado como lo está usted ahora", son importantes para aliviar la sensación de soledad que podrían tener nuestros clientes. Por lo que respecta a la empatía con nuestros clientes, la perspectiva arrolladora que debemos tener es la siguiente: tu dolor es mi dolor.
2. **Es competente.** Como *coaches*, claro está, tenemos que hacer algo más que solamente compartir el dolor de nuestro cliente; tenemos que ayudarlo a encontrar alivio de ese dolor. Después de empatizar con las frustraciones de nuestros clientes, debemos estar equipados para darles un plan que resolverá sus frustraciones y ayudarles a ejecutar ese plan.

Al ayudar a tus clientes a resolver sus problemas, asegúrate de recordar que ellos están buscando una figura de autoridad empática que sea a la vez comprensiva y capaz de ayudarlos a resolver sus problemas.

CARACTERÍSTICA DOS: NO APRESURAN EL PROCESO

Una de las cualidades del *coaching* más difícil de desarrollar es la paciencia. Como ya sabes lo que el cliente debe hacer y cómo debería hacerlo, esperarás que acuda a tu siguiente sesión habiendo dado un paso de gigante hacia adelante, solamente para descubrir que apenas si se ha movido un centímetro. Vaya. ¿Cómo es posible que no haya hecho su tarea?

El motivo principal por el que se mueve tan lentamente es que está comenzando a comprender los conceptos con los que tú has estado familiarizado por años. Por lo que respecta a la información y las tareas que le estás asignando, todo es nuevo, y eso está bien. Lo que podría parecer centímetros de progreso para ti, podrían parecerles kilómetros a ellos. Si tienes paciencia con tus clientes, llegarán pronto a los resultados; pero si apresuras el proceso, es probable que se cansen y abandonen.

Junto con ser pacientes con nuestros clientes, debemos ser persistentes. Paciencia y persistencia no son características mutuamente exclusivas. Aunque nuestro cliente debe moverse a su propio ritmo, debe avanzar, o sino no se beneficiará de nuestros servicios de *coaching*. Si a tu cliente le toma un mes redactar su declaración de misión, que así sea. Simplemente asegúrate de que su declaración de misión realmente queda redactada. Aunque está bien moverse lentamente, como *coaches* sigue siendo nuestra tarea ayudar a nuestro cliente a producir resultados.

CARACTERÍSTICA TRES: DIRIGEN A SUS CLIENTES EN UN VIAJE DE AUTODESCUBRIMIENTO

Todos hemos estado ahí. Podemos ver exactamente lo que debería hacer un cliente a fin de experimentar un avance, pero mientras más presionamos, menos se mueven ellos. ¿Por qué? Hay muchas razones, incluyendo el hecho de que a nadie le gusta que lo empujen o lo controlen. Lo cierto es que no podemos comprender una idea en lugar de nuestro cliente; es él o ella quien tiene que comprenderla. Lo que podemos hacer, sin embargo, es compartir principios.

Por ejemplo, un principio es que un pequeño negocio debería estar enfocado en una serie de objetivos económicos. Este principio puede parecer obvio para ti y para mí, pero no será obvio para tu cliente. De hecho, a fin de definir sus objetivos económicos e incluirlos en su misión, tendrán que comprender lo siguiente:

1. Si no comienza a enfocarse en ganar dinero, su negocio no prosperará.
2. Gana la mayor parte de sus beneficios solamente de algunos de sus productos.
3. Si habla abiertamente sobre cómo el negocio gana dinero, su equipo comenzará a ver la empresa como un negocio en lugar de un plan de jubilación anticipada.

Además de estas ideas, el cliente necesita comenzar a "comprender" qué productos concretos no le hacen ganar la cantidad de dinero que pensaba, y preguntarse si no debería descartar ciertos productos en favor de otros más rentables.

Necesita comprender que no debe llevar la carga de los ingresos en solitario. Necesita comprender que debería obtener reportes de proyección de ingresos. Necesita comprender que sus costos administrativos son demasiado elevados. Necesita comprender muchas cosas que, para ti, están tan claras como la nariz en su cara; una nariz, a propósito, que tu cliente no puede ver porque está mirando por encima de ella.

Si lo piensas, todas esas ideas son difíciles de comprender; sin embargo, es increíblemente importante que el cliente comprenda estas cosas en lugar de solamente escucharte a ti decirlas.

Por lo tanto, ¿cómo ayudas a un cliente a comprender por sí mismo estas ideas? Lo haces planteando preguntas: ¿piensas en tu empresa como un negocio, o tienes una mentalidad de organización sin fines de lucro cuando se trata de lograr tu misión? ¿Qué sucedería si todo tu equipo comprendiera cómo la empresa gana y gasta dinero? ¿Qué ocurriría si dejaras a un lado tus productos menos rentables y dirigieras la mercadotecnia y la energía de ventas que actualmente estás usando en esos productos, a los productos que en realidad te hacen ganar dinero?

Estas preguntas son mucho más poderosas que las órdenes directas. Si decimos a un cliente: "Mira, deja tus tres productos menos rentables y en cambio utiliza esa energía para enfocarte en los tres más rentables", el cliente nunca comprenderá el principio que hay detrás de esa acción. Si no comprende el principio que hay detrás de esa acción, nunca desarrollará la agudeza empresarial necesaria para tener éxito una y otra vez. Tu tarea como *coach* es convertir a tu cliente en un deportista de los negocios que pueda tener éxito al mayor nivel, y para hacer eso tendrás que ayudarlo a que comprenda los principios que hay detrás de los marcos.

El punto es el siguiente: como *coaches*, no enseñamos tanto como ayudamos a las personas a comprender por sí mismas ciertas verdades. Esto, sin ninguna duda, cambia nuestras conversaciones sobre *coaching*. Comenzamos a hacer más preguntas, comenzamos a contar más historias, comenzamos a afirmar los indicadores que muestran que ellos comienzan a entender lo que les estamos enseñando.

CARACTERÍSTICA CUATRO: CREAN UN ENTORNO SEGURO Y DE CONFIANZA

Cuídate de suponer que sabes lo que está sucediendo en el negocio de tu cliente y en su vida. Como hemos mantenido muchas conversaciones de *coaching*, a menudo comenzamos a llenar los espacios en blanco basándonos en experiencias que hemos tenido con otros clientes. Sin embargo, cuando llenamos los espacios en blanco en lugar de profundizar para descubrir lo que verdaderamente está sucediendo, nuestros clientes suponen que no estamos escuchando y, como resultado, no confiarán en nosotros.

La empatía importa por más motivos aparte de posicionarte como un guía. Comprender verdaderamente a tu cliente y empatizar con él o ella creará también un entorno seguro y de confianza. Escuchar activamente y hacer preguntas como "oigo que estás diciendo que te sientes traicionado por miembros de tu equipo, ¿es correcto?", asegurará que no estás suponiendo que sabes lo que sucede, sino que intentas comprender plenamente con qué batalla tu cliente.

Cuando comprendas verdaderamente cuál es el problema de tu cliente, también es importante que adoptes una posición que no sea crítica. Si un cliente siente que lo criticamos, probablemente esa relación habrá terminado. Para crear una relación de confianza, piensa en tu trabajo desglosado como sigue:

1. Escuchar, comprender, y verificar tu comprensión del problema de tu cliente: 50 % de tu trabajo de *coaching*.
2. Afirmar que el cliente no está solo en su problema y que muchos otros han experimentado el mismo reto: 40 % de tu trabajo de *coaching*.
3. Ofrecer consejos, marcos y manuales que resuelven los problemas de tu cliente: 10 % de tu trabajo de *coaching*.

Si recuerdas que el 90 % de tu tarea es escuchar, comprender y "estar" con tus clientes en sus frustraciones, los consejos que ofrezcas serán recibidos; mientras que si no creamos un entorno seguro, el *coaching* que ofreceremos probablemente será ignorado.

Por último, en lo relacionado con ganarte la confianza de un cliente, recuerda cumplir siempre tus acuerdos de confidencialidad, y sé leal con aquellos de quienes eres *coach*.

CARACTERÍSTICA CINCO: AFIRMAN LA TRANSFORMACIÓN DE SUS CLIENTES

Al final de muchas películas, después de que el héroe salga victorioso, aunque sea cubierto de sangre, el guía interviene de nuevo en la historia para afirmar la transformación del héroe. Por ejemplo, Lionel, el maestro de drama en la película de Tom Hooper galardonada con un premio de la Academia, *El discurso del rey*, le dice al rey Jorge que será un buen rey. El Dr. Emmett Brown afirma el trabajo que hace Marty McFly para salvar a su familia en *Volver al futuro*. En la gran película sobre deporte *Rudy*, uno de los encargados de la cancha llamado Fortune ofrece ánimo y dirección para ayudar a Rudy a que finalmente juegue en un partido para Notre Dame, y después regresa para afirmar la transformación de Rudy al final de la película.

Todas las grandes historias hablan de la transformación del héroe: de tener miedo, a llegar a ser valiente; de ser incompetente a ser competente, e incluso de ser débil a ser fuerte. Lo interesante acerca de las historias, sin embargo, es que reconocen que los héroes no pueden producir por sí solos esa transformación.

> Los héroes necesitan que una fuente externa demostrada y de confianza les diga que ciertamente han cambiado.

A medida que tu cliente aumente en perspicacia y estatura empresarial, afirma sus cambios. Cuando lo hagas, descubrirás que él o ella está a la altura de esos cambios y, por lo general, solamente después de que los afirmes comenzarán a demostrar plenamente las nuevas características que han desarrollado.

Además de afirmar la transformación del cliente, celebra sus victorias. Cuando tu cliente finalmente alcanza esa meta de ingresos, escríbele una tarjeta o enmarca un recuerdo y envíaselo. Llévalo a cenar o cómprale un regalo. Muchas de las personas más consumadas del mundo todavía siguen buscando algún tipo de afirmación personal que reconozca sus logros y su transformación. Detenerte para celebrar las victorias que ha alcanzado tu cliente, junto con la transformación que ha experimentado, no solo lo alentará, sino que también cambiará su modo de verse a sí mismo y, como tal, mejorará su vida para siempre.

Está claro que hay, sin duda, otras mil habilidades sociales de las que hablar. La intención de este capítulo, sin embargo, no era la de crear una lista completa. Una tarea tal sería imposible. La intención es estimular que tú mismo hagas una lista.

Muchos *coaches* crean sus propias diez reglas principales de *coaching*, y creo que una lista como esa es una buena idea para todos nosotros. Ese tipo de lista podría verse como sigue:

1. Nunca supongas que conoces el problema del cliente.
2. Nunca supongas que tu cliente comprendió tu *coaching*.
3. Nunca rompas la confianza de un cliente.
4. Nunca hagas que la historia trate de ti.
5. Comprométete a ayudar al cliente a encontrar una victoria.
6. Demanda participación como parte del precio de tu servicio de *coaching*.
7. Debes estar plenamente presente en cada sesión de *coaching*.

8. Practica lo que predicas.
9. Discúlpate y corrígete a ti mismo cuando te hayas equivocado.
10. Afirma la transformación de tu cliente en cada nivel de su crecimiento.

Crear tu propia lista personal de reglas es un modo estupendo de recordar la importancia de las habilidades sociales y ponerlas en práctica en cada sesión. Si creas tú mismo las reglas, tendrás más probabilidad de apropiarte de ellas y ponerlas en práctica. Si lo piensas, la lista trata en realidad sobre quién estás decidiendo ser como ser humano: una persona de buen carácter. Solamente por esa razón, una lista como la anterior es increíblemente beneficiosa para cualquier *coach*. No solo eso; es también una tarea estupenda para tus clientes.

Por mucho que haya hecho hincapié en la importancia de los marcos, los manuales y un mapa de ruta general para tus clientes, no olvidemos las habilidades sociales.

Cuando un guía de confianza entrega los marcos y manuales que ofreces, se seguirán más completamente y así entregarán los resultados que tus clientes están buscando.

UNA SEMANA EN LA VIDA DE UN *COACH* DE NEGOCIOS EXITOSO

Cuando des los ocho pasos que he bosquejado en este libro, tendrás las herramientas que necesitas para hacer crecer un negocio de *coaching* exitoso. Ahora, juntemos todos esos pasos en una rutina semanal.

¿Cómo es una semana en la vida de un *coach* exitoso de pequeños negocios? Depende, desde luego. Algunos *coaches* están principalmente retirados y solo atienden a unos pocos clientes cada semana, y otros están trabajando para desarrollar un negocio de *coaching* de siete cifras.

Para aportar mayor facilidad y claridad, te mostraré una semana en la vida de un *coach* que está en un punto intermedio. Digamos que nuestro *coach* ficticio, al que llamaremos Sam, cambió su carrera profesional desde el mundo empresarial hace solo unos años atrás y actualmente gana aproximadamente 256 000 dólares como *coach* de pequeños negocios. Sam utilizó el manual *Cómo ser un coach exitoso* para hacer crecer su negocio y alcanzó una tasa de proyección de 256 000 dólares en unos treinta y seis meses. No fue fácil, pero Sam siguió con el sistema y continuó trabajando igualmente duro para mantener fuerte su negocio de *coaching* y que siguiera creciendo todavía más.

Sam no está totalmente satisfecho con el tamaño de su negocio, pero le gusta dónde está tan solo treinta y seis meses después, y le gusta hacia dónde se dirige. Dicho eso, ¿cuánto tiempo le está costando a Sam el negocio?

Para mostrarte lo que le cuesta a Sam en términos de tiempo, veamos una "semana perfecta" desde la perspectiva de Sam. Una "semana perfecta" es una semana que, si se repite una y otra vez, asegurará el éxito de una persona. La idea es comprender plenamente las mejores prácticas y asignar esas prácticas a momentos concretos en días concretos, y repetirlas a fin de alcanzar los mejores resultados.

Lo que observarás acerca de la "semana perfecta", es que casi todos los aspectos del producto y el túnel de ventas de los que he hablado en este libro se ponen en práctica a medida que avanza la semana; por lo tanto, nuestro *coach* continúa desarrollando su negocio.

Si te preguntas cómo podría ser una semana perfecta en tu vida más o menos un año después de iniciar tu negocio de *coaching*, podría verse parecido a lo siguiente:

LUNES: *COACHING* DE ENTREGA

El lunes, Sam se enfoca en entregar recursos de *coaching* a sus clientes. Como Sam está descansado al llegar el lunes, programa la mayoría de sus servicios de *coaching* para el lunes y el martes, después las tareas que necesita desempeñar para hacer crecer su negocio para el miércoles, y finalmente el trabajo creativo (junto con servicios de *coaching* extra) el jueves y el viernes.

Recuerda que este es un ejemplo de una semana perfecta en la vida de Sam. Sin duda que ninguna semana se desarrolla perfectamente, pero al definir la semana perfecta, Sam tiene un estándar hacia el cual apuntar.

De 7:00 a 8:00

Familia: Sam pasa la primera hora de su semana con su familia. Los niños tienen un inicio mucho mejor de su semana si papá está a su lado, de modo que él se levanta temprano y comienza a preparar el desayuno. Después de cocinar, Sam, su esposa y sus hijos se sientan a la mesa del desayuno y comparten lo que más les emociona acerca de la semana entrante. Sam se asegura de que todos sus hijos sean afirmados y animados antes de salir de la casa.

De 8:00 a 10:00

Ejercicio: en lugar de pasar rápidamente a trabajar el lunes en la mañana, Sam se dirige al gimnasio donde hace natación durante una hora; sin embargo, Sam utiliza principalmente el tiempo en la piscina para meditar en las próximas sesiones de *coaching*.

De 10:00 a 12:00

Primer MasterMind de pequeños negocios: Sam dirige dos grupos MasterMind de pequeños negocios (su grupo de alto nivel), cada uno con diez dueños de pequeños negocios que se han comprometido a la experiencia de seis meses (también dirige un "Grupo comunitario de pequeños negocios" como comunidad de nivel básico, pero no se reúnen hasta el final de la semana). Para los participantes en su grupo, ha enviado un video y una tarea temprano el lunes en la mañana para que ellos ya hayan visto el video y hayan recibido la tarea. Sam pasa noventa minutos en una llamada vía Zoom con su primer grupo MasterMind para asegurarse de que entendieron la tarea de esa semana, y después los acompaña en el ejercicio correspondiente. También repasa con su grupo la tarea de la semana anterior para verificar que estén ejecutando plenamente los ejercicios y así vean los mejores resultados. Cuando termina la sesión de noventa minutos, Sam emplea treinta minutos repasando el trabajo de sus clientes y hace comentarios alentadores y útiles que ellos pueden utilizar para implementar mejoras en los marcos de trabajo.

De 12:00 a 14:00

Almuerzo: Sam usa el almuerzo del lunes para reunirse con posibles clientes. Intenta organizar por lo menos un almuerzo a la semana con alguien que tenga preguntas acerca de sus servicios de *coaching*. Después del almuerzo, le enviará al futuro cliente un *link* a MyBusinessReport.com y después hará seguimiento más adelante para repasar su evaluación y también informarle sobre las diversas oportunidades de *coaching* que ofrece. A menudo, estos almuerzos dan como resultado que un nuevo cliente se una a su grupo MasterMind o incluso contrate una sesión individual.

De 14:00 a 16:00

Segunda sesión de MasterMind de pequeños negocios: Sam dirige su segunda sesión de MasterMind, lleva al grupo a realizar exactamente los mismos ejercicios y preguntas que el grupo de la mañana. Sam programa que ambas clases comiencen y terminen los mismos días para así tener que prepararse solamente para un video y un ejercicio cada semana.

De 16:00 a 17:00

Primera sesión de *coaching* individual: Sam realiza la primera de cuatro sesiones de *coaching* individual. Estas sesiones individuales comienzan con una sesión de acceso de cinco horas que tiene lugar en persona y después continúa con dos sesiones de una hora cada mes. La sesión de una hora se realiza vía Zoom, permitiendo a Sam asesorar a clientes que estén en cualquier lugar del país.

De 17:00 a 21:00

Tiempo familiar.

MARTES: CONTINÚA ENTREGANDO *COACHING*

El martes es una continuación de la entrega de *coaching*, a excepción de que el martes Sam solamente programa sesiones con clientes individuales. Como cada uno de los clientes individuales de Sam se reúnen solamente dos veces al mes con él, puede realizar una sesión individual el lunes y tres el martes, para asesorar en total a cuatro clientes individualmente por semana. Realizar las sesiones a la misma hora cada semana permite que Sam disfrute de una rutina predecible que asegure que puede prepararse y dar los mejores consejos de *coaching* sin llegar a abrumarse.

De 7:00 a 8:00

Familia: Sam pasa la primera hora del día con su familia.

De 8:00 a 10:00

Ejercicio: Sam se dirige al gimnasio donde hace natación durante una hora. Sam utiliza el tiempo en la piscina para meditar en las próximas sesiones de *coaching*.

De 10:00 a 11:00

Segunda sesión de *coaching* individual: Sam realiza su segunda sesión de *coaching* individual. Cada uno de sus clientes individuales está en un punto diferente en su programa personalizado, pero como son sesiones individualizadas, Sam puede ayudarlos fácilmente a superar sus desafíos actuales. Con frecuencia, Sam requerirá reunirse con todo el equipo de liderazgo del cliente para así poder implementar por completo cualquier marco de trabajo o manual en el que estén trabajando esa semana.

De 11:00 a 11:30

Receso y preparación: Sam toma recesos de media hora entre las sesiones de *coaching* para asegurarse de estar preparado y presente para cada cliente.

De 11:30 a 12:30

Tercera sesión de *coaching* individual: Sam da su tercera sesión de *coaching* individual de la semana.

De 12:30 a 14:30

Almuerzo: Sam toma un receso para el almuerzo, y a menudo se reúne con otro futuro cliente.

De 14:30 a 15:30

Cuarta sesión de *coaching* individual: Sam dirige su cuarta y última sesión de *coaching* individual de la semana, concluyendo así todas sus sesiones de *coaching*. En solo dos días, Sam ha dado servicios de *coaching* a dos grupos MasterMind de pequeños negocios y a cuatro de sus ocho clientes individuales.

De 15:30 a 16:00

Repaso y preparación para la próxima semana: Sam envía notas o correos a clientes que ha marcado para hacer seguimiento, haciéndoles llegar la información y la ayuda que tal vez solicitaron. Repasa los videos y ejercicios que harán sus grupos MasterMind la semana siguiente y toma notas que repasará mañana durante su sesión de preparación.

De 16:00 a 21:00

Tiempo familiar.

MIÉRCOLES: DESARROLLO DE MERCADOTECNIA Y DEL NEGOCIO

De 7:00 a 10:00

Tiempo familiar: Sam se salta el gimnasio el miércoles y pasa un poco más de tiempo con su familia.

De 10:00 a 12:00

Repaso de mercadotecnia y adquisición de clientes: Sam repasa su CRM personal para ver quién está abriendo sus correos y respondiendo a sus campañas de correos automatizados. Necesitará veinte participantes más en su MasterMind cuando termine su grupo actual. Ve que doce futuros clientes están respondiendo a su secuencia de entrada en el MasterMind, de modo que toma nota de hacer un seguimiento a esos clientes después del almuerzo.

De 14:00 a 16:00

Seguimiento: Sam llama a cada uno de sus posibles clientes más interesados para dejarles saber sobre la oportunidad de participar en el próximo "Grupo comunitario de pequeños negocios" o grupo MasterMind. De nuevo, cada grupo MasterMind dura seis meses, y mientras más se acerque el calendario al inicio del siguiente grupo MasterMind, más compromisos necesita Sam para mantener llenos sus espacios para *coaching*. El *coaching* individual se basa en un calendario abierto, de modo que Sam no se preocupa por tener que llenar esos espacios. En cuanto termine uno de sus clientes de *coaching* individual, hay muchos clientes actuales y anteriores del "Grupo comunitario de pequeños negocios" o de MasterMind preparados y esperando a ocupar su lugar, de modo que Sam no tiene que preocuparse por hacer mercadotecnia y captación de posibles clientes para el producto de *coaching* individual.

De 16:00 a 17:00

Seguimiento: Sam hace seguimiento a cualquier posible cliente altamente calificado enviándole una nota personal junto con un ejemplar de un libro sobre negocios que cree que podría resultarle útil. Se asegura de que todos estos posibles clientes estén en su lista de futuros participantes de grupos MasterMind.

De 17:00 a 21:00

Tiempo familiar.

JUEVES: TALLERES, REUNIONES DE GRUPOS COMUNITARIOS DE PEQUEÑOS NEGOCIOS, O DESCANSO Y RECUPERACIÓN

De 7:00 a 8:00

Familia: Sam pasa la primera hora del día con su familia.

De 8:00 a 17:00

Taller: Sam da un taller a un pequeño grupo de líderes o, si no hay programado ningún taller, se toma el día libre para ir al gimnasio, jugar golf, o pasar tiempo con amigos y familia. El tipo de talleres que realiza Sam son talleres de gerencia y productividad, entrenamiento de ventas, o talleres de principios rectores. Sam da unos seis talleres cada año.

O también puede:

De 8:00 a 17:00

Grupo comunitario de pequeños negocios: Si Sam no tiene un taller, puede conseguir fácilmente entre uno y cuatro "Grupos comunitarios de pequeños negocios", su comunidad insignia básica desde la cual genera posibles clientes para la mayoría de sus otros productos. Estos grupos son más informales y requieren menos preparación, y Sam los disfruta porque tienden a ser divertidos.

VIERNES: PREPARACIÓN DE *COACHING*

De 7:00 a 8:00

Familia: Sam pasa la primera hora del día con su familia.

De 8:00 a 12:00

Preparación: Sam pasa la mañana preparándose para sus dos MasterMind siguientes y sus próximas cuatro sesiones de *coaching* individual. Repasa las notas de sus clientes, enviándoles correos de ánimo y anotando ideas de reflexión para ofrecerlas en los grupos MasterMind que tendrán lugar la próxima semana.

De 12:00 a 21:00

Descanso y recuperación: Sam toma la mitad del viernes para hacer recados, salir a pasear, jugar golf, pasar tiempo con su familia, y *no* pensar en trabajo. Es su ritmo de trabajo y descanso lo que lo mantiene agudo y enfocado durante sus sesiones de *coaching*.

FIN DE SEMANA: DIVERSIÓN, AMIGOS Y FAMILIA

Sam no trabaja los fines de semana, y se guarda para el lunes y martes más productivos, que es cuando tienen lugar la mayoría de sus servicios de *coaching*.

NOTAS SOBRE LA SEMANA PERFECTA

La semana perfecta pocas veces discurre como estaba planeado, desde luego, pero Sam siempre hace que se acerque todo lo posible a ser perfecta. No reorganiza a sus clientes según los horarios de ellos. Si un cliente se pierde una sesión, está de acuerdo en pagar esa sesión de todos modos. Esto permite a Sam mantener su calendario todo lo rutinario y predecible posible. Eventos como vacaciones familiares y talleres fuera de la ciudad interrumpen en ocasiones en la agenda de Sam, pero él sabe que si programa esos talleres los jueves o los viernes, puede hacer la preparación en el avión o en una habitación de hotel. Aun así, mientras más se esfuerce Sam por ceñirse a su semana perfecta, más rápidamente crece su negocio de *coaching*.

Es una buena idea para todos los que estamos en el negocio del *coaching* sentarnos con un calendario y crear una semana perfecta; sin embargo, el motivo principal por el que tiene importancia es dejarnos saber cuándo nuestras vidas están pasando a ser demasiado caóticas. Y, como sabes, eso se produce cuando decimos "sí" a demasiadas oportunidades. ¿Uno de tus clientes quiere que vayas de vacaciones con él en su nuevo yate? Es muy difícil dejar pasar esa oportunidad y, sin embargo, mata una de tus semanas perfectas. En ese caso, tal vez tenga que ser un *no* rotundo, en especial si todavía estás desarrollando tu práctica del *coaching*. Los yates son para personas que tienen negocios de *coaching* multimillonarios, no para quienes están desarrollando un negocio de *coaching* multimillonario.

Si realmente queremos hacer crecer un negocio de *coaching* exitoso, necesitamos pensar en cómo emprender todas las acciones fundamentales necesarias para hacer crecer nuestro negocio cada semana, semana tras semana, y redactar nuestro calendario perfecto es el mejor modo de asegurarnos de que nos acercaremos a eso.

¿Y SI QUIERES DESARROLLAR TU NEGOCIO DE *COACHING* MÁS ALLÁ DE UNA OPERACIÓN EN SOLITARIO?

Hablemos ahora de lo que deberías hacer si quisieras desarrollar tu negocio de *coaching* para que sea una agencia de siete cifras o incluso más allá. Si estás dispuesto a hacer el trabajo muy duro, ¿qué deberías hacer?

He bosquejado un plan avanzado de crecimiento en el siguiente segmento. Si buscas desarrollar una agencia de *coaching*, e incluso elevarte a ti mismo como líder de pensamiento al desarrollar una plataforma personal, creo que el proceso paso por paso que bosquejo en el capítulo siguiente te resultará útil.

CÓMO ESCALAR TU NEGOCIO DE *COACHING* HASTA SIETE CIFRAS Y MÁS ALLÁ

Es ciertamente posible hacer crecer un negocio de *coaching* de siete cifras, pero antes de detallar cómo hacerlo, tengo una pregunta: ¿realmente quieres hacerlo?

Para escalar tu negocio de *coaching* tendrás que incorporar personas, y cuando lo haces, eso significa que tienes que contratar, despedir, crear descripciones de trabajo detalladas, gestionar a las personas que contratas, crear sistemas y procesos para que los flujos de trabajo sean eficaces, y cosas similares. Lo fundamental es esto: cuando escalas, la vida se complica.

La mayoría de nosotros nos convertimos en *coaches* de pequeños negocios porque nos encanta trabajar con dueños de pequeños negocios; sin embargo, a medida que escales descubrirás que no estarás trabajando ya con muchos dueños de pequeños negocios. En cambio, estarás en reuniones con tu equipo, con los *coaches* que trabajan contigo, con tu contador, con otro agente de mercadotecnia, y probablemente con uno o dos abogados a lo largo del camino.

Nadie se mete en negocios porque quiere dirigir una empresa. Nos metemos en el negocio porque amamos a nuestros clientes, nuestros productos, y la transformación que se produce cuando chocan esas dos entidades. Cuando escalas tus operaciones, sin embargo, estarás un paso apartado del contacto cercano con clientes que originalmente mantenías.

Abro este capítulo con estos asuntos porque creo que vale la pena considerarlos. Para ser sincero, espero convencer a algunos para que no escalen sus operaciones. ¿Por qué? Porque escalar tu negocio de *coaching* desde las seis cifras por debajo hasta las seis cifras por encima y más allá podría disminuir en lugar de aumentar tu calidad de vida.

¿CUÁLES SON LOS COSTOS PERSONALES INVOLUCRADOS EN DESARROLLAR UN NEGOCIO DE COACHING DE SIETE CIFRAS?

La realidad es que si escalas tu negocio de *coaching*, parte del tiempo que empleas actualmente con la familia tendrás que emplearlo en mantener en alto tu negocio de *coaching*. El tiempo que empleas actualmente leyendo libros, puede que tengas que emplearlo en escribir uno de ellos. El tiempo que empleas actualmente jugando golf, puede que tengas que emplearlo en dar conferencias delante de grupos de dueños de pequeños negocios, invitándolos a unirse a uno de tus grupos de *coaching*.

Está claro que cuando tu máquina está construida, serás capaz de mantener la máquina con una cantidad de tiempo limitada, pero no te engañes: desarrollar la máquina en sí requerirá una gran cantidad de sacrificio. Incluso después de estar construida, descubrirás que necesita más tiempo del que te condujeron a creer aquellos libros sobre el tema "dirige un negocio desde tu bañera".

Además del tiempo que requerirá, también te costará tu preocupación. Cualquier cantidad de estrés que sientes actualmente como *coach* aumentará. Si alguna vez te has preguntado de dónde vendrá tu siguiente cliente, imagina preguntarte de dónde vendrán tus tres siguientes clientes porque ahora tienes tres *coaches* trabajando contigo, y todos ellos necesitan nuevos clientes. Y, a propósito, esos *coaches* no se apuntaron para hacer mercadotecnia sino para dar servicios de *coaching*, de modo que no te ayudarán mucho con la adquisición de clientes.

Si estás ganando bastante dinero y disfrutando de un balance saludable entre trabajo y vida y además estás satisfecho con tu vida como *coach* de pequeños negocios, no te molestes en escalar tu práctica de *coaching* para convertirla en una pequeña agencia de *coaching*. Simplemente sigue haciendo lo que haces y disfruta de la vida.

Sin embargo, hay un pequeño número de personas que están leyendo este libro y que elevan sus cejas ante todo lo que acabo de escribir. No es que no estén de acuerdo conmigo; es que no podría importarles menos lo que les costará desarrollar un negocio de *coaching* de siete cifras. Son personas motivadas y quieren alcanzar su sueño. Están convencidas de que pueden hacer crecer un negocio de *coaching* a la vez que siguen siendo responsables ante su familia y sus amigos, y no les interesa iniciar un nuevo pasatiempo o incluso pensar en la jubilación. Si eso se aplica a ti, sigue leyendo.

Según mi perspectiva, los únicos *coaches* que deberían escalar su negocio de *coaching* hacia el millón de dólares son los *coaches* que no tienen otra opción. A lo que me refiero con no tener otra opción es que están motivados por una ambición que no se alejará a pesar de cuántas personas les digan que deben mantener el balance entre trabajo y vida. Está claro que les importa ese balance entre trabajo y vida, pero saben que pueden corregirse a sí mismos cuando llegue el momento. Lo que en realidad quieren, más que ninguna otra cosa, es desarrollar algo de lo que estén orgullosos, algo que cambie las vidas de las personas, incluida la suya propia.

Si quieres desarrollar un negocio de *coaching* de siete cifras, lo que sigue es un manual de trabajo.

El manual es escalable y puedes utilizarlo para crecer tanto como quieras; sin embargo, aquí está la advertencia: cuanto más grande sea tu negocio, menos tiempo tendrás para ti mismo. La verdad es que yo renuncié a casi todos los pasatiempos hace años atrás. A fin de ser un esposo y padre y también dirigir un negocio, quedaba muy poco espacio para cualquier otra cosa. Compré boletos de temporada para el club de fútbol de Nashville para que así, al menos diez veces cada año, pudiera sentarme con tres amigos y ver un deporte como modo de procesar otros intereses. Esos partidos y un viaje de pesca anual significan precisamente eso. Yo no juego golf, no tengo licencia de piloto, y tampoco me siento en el patio trasero y dibujo paisajes. Eso no es lo mismo que decir que no estoy feliz. Estoy feliz y agradecido por mi vida; sin embargo, la mayoría de mi comunidad, mis intereses y mis pasiones (todo lo cual lo sigo teniendo) giran en torno a escribir, dar conferencias y servicios de *coaching*. Me gusta mucho todo eso.

Me encanta desarrollar mi negocio de *coaching* y me encanta el impacto que tiene sobre los clientes. Puedo estar presente como esposo y padre y también impactar al mundo, lo cual es una vida por la que estoy agradecido. En ese viaje de pesca que hago cada año tomo fotografías suficientes para repartirlas en Instagram haciendo que parezca que tengo un pasatiempo, pero verdaderamente mi pasatiempo es solamente el trabajo en este momento. Y creo que es adecuado para la temporada en la que estoy. Si quieres desarrollar el negocio de tus sueños, no puedes limitarte a soñar; tienes que despertar y hacer el trabajo.

Dicho eso, ¿cuál es el trabajo?

MANUAL DE *COACHING* DE NEGOCIOS DE SIETE CIFRAS

Voy a desglosar los pasos para hacer crecer un negocio de *coaching* de siete cifras en cinco decisiones de contratación y cinco descripciones de trabajo para acompañar a esas decisiones de contratación.

Me gusta desglosar los pasos en decisiones de contratación porque la realidad es que no puedes desarrollar una agencia de *coaching* tú solo. En cada nivel de crecimiento necesitarás contratar a ciertas personas para que ocupen ciertos roles. También creo que hay miles de maneras de desarrollar un negocio de *coaching* y que todos podemos tomar una senda diferente; pero lo que todos tendremos en común son esas decisiones de contratación. Desarrollar una agencia de *coaching* es construir un equipo. Puedes construir ese equipo lentamente o rápidamente (yo recomiendo ir lento), pero el equipo concreto que bosquejaré para ti te dará la mejor oportunidad de tener éxito.

Al final, tu negocio de *coaching* operará como una pequeña empresa compuesta por ayuda administrativa, un departamento de mercadotecnia, un departamento de ventas, un departamento de contenido, y desde luego un departamento de *coaching*. Estos departamentos pueden escalar después tanto como tú quieras que escalen.

Mi amigo Howard Partridge en Houston ha desarrollado un negocio de *coaching* estupendo que gira en torno a sus propios libros, eventos en vivo, grupos pequeños, e incluso productos digitales. Sorprendentemente, Howard también dirige aparte su propio negocio de limpieza de alfombras, practicando todo lo que predica ante su propia comunidad de dueños de pequeños negocios en su propia empresa exitosa.

Incluso más sorprendente es que Howard sigue sacando tiempo para estar plenamente presente con sus nietos y, de vez en cuando, se encuentra en una playa con un mai tai en sus manos, de modo que hay esperanza para el resto de nosotros.

¿CÓMO ES UN NEGOCIO DE *COACHING* DE SIETE CIFRAS?

Antes de entrar en el manual paso por paso, hablemos sobre cómo podría verse nuestra agencia de *coaching* después de haberla construido. Así es como funciona el negocio de Howard: él realiza un gran evento cada año. Este evento dura tres días. Él es quien lleva a cabo la mayoría de la enseñanza y las conferencias, pero las *coaches* que trabajan con él también tienen tiempo sobre la plataforma. Además, lleva a conferencistas invitados.

Este evento ayuda a Howard a crear una comunidad grande de dueños de pequeños negocios que se conocen y se observan mutuamente.

Howard tiene también muchos grupos pequeños que se reúnen dos veces cada mes. Los *coaches* que trabajan con Howard dirigen esos grupos pequeños.

Howard tiene un grupo pequeño de elite que él mismo dirige, y este grupo pequeño tiene también su propio retiro que él dirige.

Howard escribe libros (Howard Partridge es su nombre, por si quieres buscarlo) y es conferencista en eventos, aportando así también pequeños ingresos en regalías y honorarios.

El negocio de *coaching* de Howard aporta ingresos hasta las siete cifras, y sigue creciendo.

Todo esto puede sonar como algo fácil, pero repasemos todo lo que está haciendo Howard y pensemos en las necesidades logísticas para llevarlo a cabo. Él necesita un equipo de *coaches*, lo cual significa que necesita que alguien lo ayude a reclutar, contratar y entrenar a esos *coaches*. Dirige varios eventos, lo cual significa que necesita un coordinador de eventos. Necesita incorporar posibles clientes regularmente, lo cual significa que necesita a alguien para manejar su mercadotecnia y sus ventas. También necesita crear contenido de *coaching* y reunirse con sus clientes personalmente, lo cual significa que necesita que alguien lo ayude a administrar su calendario para así poder tener tiempo para ser creativo y estar presente.

EL PLAN DE CONTRATACIÓN Y EL CALENDARIO DEL NEGOCIO DE *COACHING* DE SIETE CIFRAS

De nuevo, un manual de siete cifras está captado aquí en forma de un plan de contratación. Piensa en cada contratado como un paso en el proceso de desarrollar tu agencia. Recomiendo hacer la siguiente contratación solo cuando el contratado anterior se haya asentado en papel y esté produciendo resultados rentables, permitiéndote así aumentar tu fondo para emergencias e invertir más en mano de obra.

Cada contratado tendrá una descripción de trabajo específica y, como tal, aceptará las tareas que tú le asignes. En una pequeña agencia de *coaching*, cada miembro del equipo tiene varias responsabilidades; sin embargo, a medida que el equipo crece, cada descripción de trabajo incluye cada vez menos objetivos. Cuando hayas desarrollado un negocio de *coaching* de siete cifras, cada miembro del equipo debería ser considerado un especialista sintonizado con su papel específico dentro del negocio.

Dicho eso, a continuación tenemos un manual de siete cifras en forma de un plan de contratación:

NIVEL UNO: NEGOCIO DE COACHING EN SOLITARIO

Los capítulos anteriores de este libro están pensados para ayudarte a desarrollar un negocio de *coaching* en solitario estupendo, lo cual creo que es la etapa más difícil del desarrollo de un negocio de *coaching*. Conseguir que un cohete despegue necesita mucha más energía que al tenerlo rodeando la tierra una vez que está en órbita.

Tus principales preocupaciones al desarrollar tu negocio de *coaching* en solitario deberían girar en torno a definir tus productos, desarrollar tu CRM, entregar servicios de *coaching* estupendos y retener clientes existentes, a la vez que vas incorporando nuevos clientes según o por encima de tu índice de abandono.

Sin embargo, querrás contratar a un asistente virtual tan rápidamente como puedas. Sin embargo, por ahora veamos una descripción de trabajo para ti, el *coach* en solitario que espera escalar su negocio. Después de todo, tú eres el fundamento sobre el cual se construirá tu agencia de *coaching*.

Sin duda, esta persona no necesita ser contratada porque, bueno, tú eres esa persona. Eres un *coach* que trabaja solo. Sin embargo, una buena descripción de trabajo para ti proporcionará claridad acerca de cuáles son exactamente tus responsabilidades como *coach*.

DESCRIPCIÓN DE TRABAJO DE UN *COACH* EN SOLITARIO

RESUMEN DEL TRABAJO: un *coach* motivado y experimentado que trabajará con dueños de pequeños negocios para transformar su capacidad de liderazgo, aclarar sus mensajes de mercadotecnia, ayudarlos a cerrar más ventas, optimizar sus ofertas de productos, administrar sus equipos y administrar su flujo de caja, todo ello con el enfoque de hacer crecer los ingresos generales de cada cliente.

RESPONSABILIDADES:

- Representar o crear una línea de productos de *coaching* que ayude a dueños de pequeños negocios a superar sus principales retos.
- Crear y administrar un CRM para adquirir nuevos clientes y retener a clientes existentes.
- Crear los materiales de mercadotecnia necesarios para hacer crecer tu negocio de *coaching*, incluyendo páginas de inicio, generadores de posibles clientes, correos de fomento del interés y correos de ventas.
- Dirigir sesiones de *coaching* en forma de grupos MasterMind y *coaching* individual.
- Dirigir talleres para ayudar a equipos a mejorar sus principios rectores, mensajes de mercadotecnia, ventas y habilidades de administración.
- Practicar empatía y comprensión para que los dueños de pequeños negocios no se sientan solos en medio de sus retos.
- Seleccionar y asesorar a una comunidad de dueños de pequeños negocios.

REQUISITOS:

- Cinco años de experiencia ya sea trabajando con líderes de pequeños negocios o dirigiendo un pequeño negocio.
- Fuerte conocimiento de los marcos y manuales necesarios para dirigir un pequeño negocio.
- Buenas habilidades para resolver problemas.

- Paciencia y empatía con los dueños de pequeños negocios que están bajo una presión perpetua.
- Capacidad para trabajar independientemente y mantenerte motivado para producir resultados dentro de tu propio negocio y para tus clientes.
- Habilidades sociales buenas y confiables.
- Motivado para hacer crecer tu pequeño negocio de *coaching*.

NIVEL DOS: COACH EN SOLITARIO CON UN ASISTENTE VIRTUAL

A medida que tu negocio de *coaching* crece, tu primer contratado debería ser un asistente virtual. Cualquier *coach* que esté trabajando con más de diez clientes debería pensar en contratar a un asistente virtual para así poder liberar tiempo para hacer lo que más le gusta hacer, que probablemente es dar sesiones de *coaching*. Un asistente virtual puede ayudarte desde diez horas cada semana o llegar hasta las cuarenta, haciendo así que sea una contratación estupenda porque puede escalar contigo mientras los costos se mantienen bajos.

Mi empresa favorita de asistentes virtuales es BELAY Solutions en Atlanta. He trabajado con BELAY para ayudarles a entender las necesidades de un *coach* de pequeño negocio, y por eso ya son conscientes de tus necesidades para desarrollar y gestionar tu CRM, administrar tu calendario, gestionar tu correspondencia, y cosas similares. Independientemente de la empresa de asistentes virtuales que escojas, debes buscar a alguien que tenga soluciones para aliviar de inmediato tu carga de trabajo y permitirte que te enfoques más exclusivamente en las partes de tu trabajo que te permiten tener el mayor impacto y el mayor disfrute.

HISTORIA DE UNA *COACH*

Fui una "*coach* en solitario" por años, hasta que llegó ese momento de revelación que me dijo claramente: "Muchacha, ¡te quemarás si sigues a este ritmo!". Yo sabía que el problema subyacente era el control. No creía que nadie pudiera hacer las cosas tan bien como yo, pero cuando cedí y contraté a un asistente virtual, se convirtió en otro conjunto de manos y una mente incluso mejor que la que yo tenía para procesar tareas. Al utilizar el proceso de Don de crear una descripción de trabajo clara e identificar las tareas que era ideal subcontratar, encontré y contraté al asistente virtual perfecto para mi trabajo. ¡Tenerlo a mi lado es similar al proceso de clonarme a mí misma! Se ocupaba de las cosas que yo no tenía por qué hacer, y eso me dio tiempo para hacer las cosas que son mi especialidad. Ahora estoy preparada para contratar a un segundo *coach* y ampliar el trabajo todavía más. No podría haber hecho nada de eso si no hubiera seguido el proceso de contratar a mi primer asistente virtual.

SUSAN TRUMPLER
Coach de negocios desde 2013

La siguiente descripción de trabajo funcionará para un asistente en unas treinta horas cada semana, pero partes de la descripción de trabajo se pueden excluir o añadir sobre la base de tu presupuesto y tus necesidades específicas.

Al leer la descripción de trabajo para tu primer contratado (un asistente virtual), has de saber que actúas en solitario y que no hay una línea clara entre tu vida personal y tus responsabilidades profesionales. Tu asistente virtual, por lo tanto, debería ocuparse también de algunas de tus tareas personales como manera de liberar más de tu tiempo y energía.

DESCRIPCIÓN DE TRABAJO DEL ASISTENTE VIRTUAL

RESUMEN DEL TRABAJO: ayudar a un *coach* de negocio pequeño en la ejecución diaria de sus responsabilidades personales y profesionales, para que así tenga más tiempo para dedicarlo a sus amigos, su familia y sus clientes.

RESPONSABILIDADES:

- Calendario: gestionar el calendario de su jefe, incluyendo sus citas personales y profesionales, utilizando aplicaciones de *software* como Google Calendar, Keap, y el Plan de vuelo de Business Made Simple.
- Balance entre trabajo y vida: ayudar a su jefe a gestionar sus prioridades personales, incluyendo tiempo familiar, vacaciones, cenas, regalos, programar cortes de cabello, suscripciones y membresías, mantenimiento del hogar, y cualquier otra tarea repetitiva que liberará tiempo en la vida de su jefe.
- Correspondencia: revisar el correo de su jefe y responder a preguntas basándose en respuestas acordadas previamente. Disminuir la cantidad de correspondencia que llega a su jefe enviándole solamente correos pertinentes. Hacer seguimiento con su jefe para asegurar que no se descarta correspondencia importante.
- Gestión del CRM: gestionar el CRM de su jefe para asegurar que posibles clientes entren en el sistema, que clientes existentes sean colocados en las campañas de ruta de interés adecuadas, y que todos los textos, *links* y páginas de inicio estén actualizadas y sean funcionales.
- Facturación: enviar facturas a clientes y asegurar que estén al día en los pagos del *coaching*.

- Gastos: supervisar todos los gastos del negocio y gestionar la correspondencia con el contador.
- Gestión de proyecto: iniciar, gestionar y ejecutar plenamente todos los proyectos, incluyendo coordinación de eventos, medios de comunicación, y responsabilidades de producción, junto con proyectos personales como vacaciones y administración del hogar.
- Interacción con el cliente: construir relaciones positivas con el cliente de su jefe, haciendo un seguimiento después de grupos MasterMind o sesiones de *coaching* individual. Asegurarse que cada cliente tenga lo que necesita para ejecutar cualquier tarea que le asignó su *coach*.

REQUISITOS:

- Cinco años de experiencia trabajando con emprendedores solitarios para ayudarlos a organizar su vida y su trabajo.
- Competencia con *software* que administre calendarios, correo, gestión de proyectos y funciones de CRM.
- Capaz de anticipar necesidades y retos antes de que surjan.
- Grandes habilidades sociales para interactuar con clientes de *coaching*.
- Capacidad profesional para redactar.
- Fuertes habilidades de gestión de proyectos.
- Capacidad para trabajar y contribuir positivamente en un equipo.

***

Al margen de si quieres desarrollar una agencia de coaching grande o no, recomiendo que tengas un asistente virtual. Descubrirás que el trabajo que el asistente quita de tus hombros te permite ganar más que suficiente en ingresos añadidos para cubrir su salario.

NIVEL TRES: UN ASISTENTE VIRTUAL Y UN SEGUNDO COACH

Al desarrollar tu lista de correo, también estarás desarrollando tu plataforma personal, y tus clientes de *coaching* aumentarán. Te gustaría seguir dirigiendo personalmente los grupos MasterMind y el *coaching* individual junto con talleres, pero también descubrirás que tras uno o dos años, puede que te pese el hecho de que has construido un negocio que requiere que estés constantemente en la sala (o en Zoom) con clientes.

Tu asistente virtual se estará ocupando cada vez más de la carga de mercadotecnia y también del calendario y la correspondencia con clientes. En este punto, puede que quieras considerar el incorporar a un *coach* que pueda ocuparse por lo menos de cuatro grupos básicos más, o grupos MasterMind de segundo nivel; es decir, dos cada seis meses, cada uno de los cuales incluye a unos diez clientes.

En este nivel, la organización general estará formada por dos *coaches* (tú sigues siendo uno de ellos) y un asistente virtual.

Tu segundo *coach* (con la misma descripción de trabajo enumerada anteriormente) debería dar servicios de *coaching* a cuarenta clientes al año, mientras tú puedas mantener en un nivel elevado la cantidad de posibles clientes calificados y de clientes recurrentes. Cada cliente debería estar pagando alrededor de 250 dólares al mes por un grupo comunitario básico o unos 5000 dólares por una MasterMind de seis meses, permitiendo así que el segundo *coach* produzca unos 200 000 dólares en ingresos anuales. Como el *coach* no tendrá que hacer su propia mercadotecnia y como sus servicios de *coaching* estarán limitados a las horas del grupo MasterMind, no trabajará a jornada completa, y probablemente puedas pagarle unos 85 000 dólares al año, lo cual, claro está, deja el resto como beneficio.

Añadamos a eso que cada nuevo *coach*, cuando sus horas de *coaching* están llenas, está aumentando la posibilidad de que los clientes compren productos que están más alto en tu escalera de productos, incluyendo talleres y grupos MasterMind de élite.

El reto, desde luego, implicará conseguir cuarenta nuevos clientes al año para otros cuatro horarios de los *coaches*. Para lograrlo, tu motor de CRM tendrá que operar de modo eficiente como para llevar la carga de la captación de posibles clientes y la adquisición de clientela. Así las cosas, tu agencia de *coaching* debería estar en un buen inicio, y tus ingresos deberían estar sobre los 500 000 dólares, en camino hacia tu año de un millón de dólares. Esto gracias que ahora tienes más tiempo libre para crear generadores de posibles clientes, dar presentaciones, organizar desayunos y almuerzos de negocios, y tal vez incluso grabar un *podcast* u otros recursos útiles como YouTube o las redes sociales. Adicionalmente, tu asistente virtual está haciendo un buen trabajo al gestionar el CRM que incorpora nuevos clientes y se comunica con ellos.

NIVEL CUATRO: UN ASISTENTE VIRTUAL, UN SEGUNDO COACH Y UN COORDINADOR DE EVENTOS COMUNITARIOS

En cualquier momento puedes pausar el crecimiento de tu negocio de *coaching* y disfrutar de su etapa actual (junto con la comunidad que has creado), pero si quieres seguir creciendo, es momento de comenzar a organizar retiros, reuniones y tal vez una cumbre anual.

Organizar eventos es una parte muy importante de la estrategia de Howard Partridge, en Texas. Él organiza un retiro anual en un salón para fiestas en Houston como modo de crear una comunidad más grande, y entonces se ofrece a los dueños de pequeños negocios que asisten a su evento anual la oportunidad de entrar en grupos pequeños dirigidos por su equipo de *coaching*.

Añadir una estrategia de eventos tampoco tiene que detenerse en una cumbre anual. Puedes añadir además desayunos mensuales, reuniones regionales (dirigidas por tu segundo *coach*), una sesión semanal de preguntas y respuestas vía Zoom, incluso fiestas en días feriados.

Nuestra investigación muestra que los clientes de *coaching* no se inscriben debido a la comunidad, pero tienden a quedarse por la comunidad que descubrieron, de modo que es importante ver la comunidad como una jugada de retención de clientes.

Si vas a añadir eventos a tu oferta, necesitarás un coordinador de eventos. A continuación, tenemos la descripción de trabajo para la persona que necesitarás para ocupar ese puesto:

DESCRIPCIÓN DE TRABAJO DEL COORDINADOR DE EVENTOS

RESUMEN DEL TRABAJO: planear, organizar y ejecutar eventos que creen una comunidad para dueños de pequeños negocios involucrados en una comunidad de *coaching*. Estos eventos incluirán talleres, conferencias, seminarios, desayunos, seminarios web, sesiones de preguntas y respuestas vía Zoom y fiestas en días feriados.

RESPONSABILIDADES:

- Estrategia: considerar los tipos de eventos que harán crecer una comunidad de dueños de pequeños negocios y desarrollar un calendario para cada evento.
- Coordinar: trabajar con todos los vendedores para coordinar eventos exitosos.

- Gestión: gestionar los eventos a medida que se producen para que discurran suavemente y sean agradables para nuestros clientes.
- Presupuesto: crear un presupuesto y trabajar ciñéndose a él.
- Creación de ingresos: encontrar maneras de generar más creación de ingresos mediante nuestra estrategia de eventos.
- Medida: medir la asistencia a los eventos y la satisfacción para generar datos precisos acerca de lo que está funcionando y lo que no.
- Informar: informar al equipo sobre mejores prácticas en nuestra estrategia de eventos.
- Promover: trabajar con el equipo para crear una estrategia de promoción, de modo que cada evento tenga una buena asistencia. Medir el éxito de cada estrategia.

REQUISITOS:

- Cinco años de experiencia previa en el campo de la organización de eventos.
- Habilidades excelentes de gestión de proyectos, incluyendo la capacidad de manejar varios proyectos a la vez.
- Fuertes habilidades de comunicación escrita y verbal.
- Capacidad para trabajar colaborativamente con una variedad de miembros de equipo, clientes e interesados, incluyendo *coaches*, vendedores e incluso asistentes.

- Fuerte atención al detalle, en especial en lo relacionado con administrar un presupuesto para eventos.
- Habilidad para trabajar y contribuir positivamente a un equipo.

***

NIVEL CINCO:
UN ASISTENTE VIRTUAL, UN SEGUNDO COACH, UN COORDINADOR DE EVENTOS COMUNITARIOS Y UN ADMINISTRADOR/CREADOR DE CONTENIDO

A medida que crece tu comunidad de *coaching*, tu principal reto será llenar todos los grupos pequeños y eventos de *coaching*. Para hacerlo, necesitarás una estrategia de contenido. Para crear y mantener interés acerca de toda tu oferta, la organización y tú querrán producir información increíblemente útil que puedan utilizar los dueños de pequeños negocios para alcanzar sus objetivos.

Como estarás dirigiendo la organización y también realizando *coaching*, probablemente no tendrás tiempo para crear la clase de contenido necesaria para llenar tus eventos. Es aquí donde puede desempeñar un papel crítico un creador o administrador de contenido.

Tu administrador de contenido puede programar una reunión semanal contigo para captar nuevo contenido en redes sociales, dándote indicaciones e ideas que puedas ampliar en *posts* y videos. Puede crear contenido que te permitirá crear un canal de YouTube, a la vez que creas presentaciones que tus *coaches* pueden dar durante seminarios web, discursos, talleres, sesiones en grupos pequeños y similares.

Tu administrador de contenidos también puede ayudarte a comprender mejor lo que buscan los clientes. Puede realizar un sondeo trimestral para averiguar intereses y después recomendar una dirección del contenido que elevará la participación.

La meta de tu estrategia de contenido debería ser la de profundizar y ampliar tu alcance para que tus productos de *coaching* se difundan todavía más y tu reputación aumente la atención y la confianza.

DESCRIPCIÓN DE TRABAJO DEL ADMINISTRADOR DE CONTENIDO

RESUMEN DEL TRABAJO: administrar todos los aspectos de nuestra presencia en los medios, incluyendo redes sociales, *copyright* y creación de contenido, estrategia y creación de videos en YouTube, creación de contenido para presentaciones y seminarios web y más.

RESPONSABILIDADES:

- Estrategia: desarrollar e implementar una estrategia general en medios para fomentar todos nuestros productos de *coaching* para pequeños negocios.
- Selección: seleccionar el contenido relevante por temas para que nuestros *coaches* los compartan en todas las plataformas.
- Medir y refinar: monitorear nuestras estadísticas en redes sociales junto con tendencias en redes sociales para suponer mejores prácticas, permitiendo que nuestra estrategia de contenido haga crecer nuestras plataformas de modo eficaz.
- Presentaciones: desarrollar presentaciones que los *coaches* puedan compartir en seminarios web, y también como presentaciones en vivo que puedan dar en nuestros propios eventos y en los diversos eventos externos en los cuales se les invite a participar.

- Crecimiento en redes sociales: desarrollar una estrategia y ayudar a crecer nuestras plataformas en medios de redes sociales para la agencia en general y para *coaches* específicos.
- YouTube: crear y ejecutar una estrategia que permitirá a nuestra agencia de *coaching* extenderse y crecer en YouTube.

REQUISITOS:

- Habilidades de comunicación escrita y verbal extremadamente fuertes.
- Conocimiento de mejores prácticas en todas las plataformas de redes sociales.
- Excelentes capacidades de organización y administración de proyectos.
- Tres años de experiencia en creación de contenido para una organización.
- Experiencia en el manejo de redes sociales para un cliente exterior.
- Experiencia en diseño gráfico, incluyendo todos los requisitos de *software* actuales para construir y mantener una marca visual.
- Capacidad para trabajar y contribuir positivamente a un equipo.

NIVEL SEIS:
UN ASISTENTE VIRTUAL, UN SEGUNDO O TERCER COACH, UN COORDINADOR DE EVENTOS COMUNITARIOS, UN ADMINISTRADOR/CREADOR DE CONTENIDO, Y UN GERENTE DE OPERACIONES

¡Felicidades! Si has alcanzado el nivel seis, tienes una agencia de *coaching* de siete cifras. De hecho, hay una buena posibilidad de que estés ganando varios millones en ingresos brutos por ventas. También tienes una comunidad de clientes estupenda y un equipo que está comenzando a sentirse como familia. Al menos eso es lo que espero. Sin duda, es una posibilidad realista.

La pregunta que debes plantearte ahora es: ¿cuánto quieres participar personalmente en la gerencia diaria del negocio en sí? ¿Te gustaría estar casi jubilado, sentado en una playa respondiendo llamadas para responder preguntas de tu equipo? ¿Te gustaría escribir libros, creando el contenido que alimenta la comunidad de *coaching* general? ¿Te gustaría estar creando una presencia en medios en YouTube o en redes sociales que dé contenido a la agencia?

Lo cierto es que tu talento emprendedor puede utilizarse mejor fuera de un papel de gerencia, y podría ser el momento de contratar a un operador que pueda dirigir tu agencia de *coaching*.

En lo más alto de la mayoría de los pequeños negocios exitosos hay con frecuencia tres personalidades distintas. Esas personalidades son las siguientes:

El artista: se obsesiona por el producto y la creación de productos; por la experiencia del cliente, la calidad de la marca, y estar en consonancia con los valores que impulsan su visión.

El operador: se obsesiona por las personas y los procesos que van a hacer crecer el negocio; por medir los métodos y el éxito de los procesos que utiliza y organizar a las personas en la organización, de modo que estén equipadas para producir los mejores resultados.

El emprendedor: dirige su hábito de atención a la creación de ingresos y el crecimiento. Le encanta tomar los productos que crea el artista y monetizarlos.

Al leer la lista, probablemente te identificaste con el artista o el emprendedor. En ese caso, has de saber que el manejo de las operaciones diarias de tu negocio de *coaching* te parecerá agotador. Una persona en operaciones es única en su hábito de atención. No quiere construir la máquina; quiere manejar la máquina. Si has construido una máquina, entonces es el momento de encontrar a alguien que pueda manejarla bien.

Tu punto de contacto con la agencia, cuando llenes esta posición, será tu operador. Aunque sin duda te relacionarás con todo el mundo en tu equipo, el operador ahora ejecutará tu visión utilizando sus excelentes habilidades para organizar tanto a personas como procesos.

De nuevo, cuando contratas a un operador estás contratando a alguien que dirija tu empresa, liberándote para que tú puedas hacer el trabajo que mejor haces para hacer crecer el negocio, o tal vez para trabajar menos y disfrutar de más tiempo con amigos, familia y pasatiempos.

Tu operador puede tener varios títulos, como CEO, presidente, jefe de operaciones o gerente de operaciones. El título es lo que menos importa; lo que importa es que dirija tu empresa para que tú puedas tener la libertad de comenzar a tomarte más tiempo libre o seguir haciendo crecer el negocio al pasar más tiempo en tus áreas de competencia.

DESCRIPCIÓN DE TRABAJO DEL DIRECTOR DE OPERACIONES

RESUMEN DEL TRABAJO: supervisar las operaciones diarias de una agencia de *coaching* para pequeños negocios. Dirigir a las personas, los procesos y las finanzas que hacen que la agencia crezca, a la vez que mantiene la calidad de nuestros servicios a los clientes.

RESPONSABILIDADES:

- Políticas y procedimientos: desarrollar e implementar las políticas y procedimientos que permiten que nuestro equipo trabaje al máximo rendimiento y eficacia.
- Finanzas: desarrollar y administrar nuestros presupuestos, hacer previsiones y reportar para que nuestra agencia sea rentable y esté sana.
- Administración: administrar nuestros recursos humanos, informática e instalaciones.
- Satisfacción del cliente: mantener una relación cercana con clientes clave para asegurar la entrega más satisfactoria de nuestros productos de *coaching*.
- Colaborar: trabajar con el CEO para entregar el mejor servicio de *coaching* posible, que incluirá hablar a la estrategia general, la creación de contenido, el cronograma y los procesos de entrega.
- Previsión futura: ayudar a nuestra agencia a mantenerse en lo más alto de las tendencias y mejores prácticas de la industria, instalando nuevas políticas y procedimientos para que seamos y nos mantengamos como líderes en la industria del *coaching* para pequeños negocios.

REQUISITOS:

- Cinco años o más de experiencia en la gerencia de operaciones.
- Experiencia en la administración de un presupuesto de siete cifras de una empresa basada en servicios.
- Éxito demostrado en poner en práctica un manual de gerencia y productividad.
- Fuertes habilidades organizativas y de administración del tiempo.
- Habilidad probada para motivar e inspirar a un equipo.
- La capacidad de trabajar en calma bajo presión.
- Experiencia con el *software* necesario para dirigir nuestra organización, incluyendo Keynote, Keap, Slack, Microsoft Office y otros.

NIVEL SIETE:
UN ASISTENTE VIRTUAL, UN SEGUNDO O TERCER COACH, UN COORDINADOR DE EVENTOS COMUNITARIOS, UN ADMINISTRADOR/CREADOR DE CONTENIDO, UN GERENTE DE OPERACIONES, Y UN DIRECTOR DE FUENTES DE INGRESOS

Cuando tu operador está establecido y te sientas cómodo con que dirija tu pequeño negocio, y cuando el negocio demuestre que puede continuar operando o incluso crecer bajo su liderazgo, probablemente te diriges hacia los diez millones de dólares o más en ingresos anuales. En esta etapa, ya habrás pensado en contratar (y tal vez incluso habrás contratado) más *coaches* y ayuda administrativa. Tu pequeña agencia puede que tenga hasta quince miembros del equipo trabajando a jornada completa y varios asistentes virtuales y otros autónomos. Ahora estás dirigiendo verdaderamente una agencia de *coaching* exitosa, y es de esperar que tu balance entre trabajo y vida sea fuerte.

Si quieres seguir haciendo crecer tu agencia, sin embargo, tu siguiente contratación, y probablemente la última, será un director de fuentes de ingresos. Si tú eres el artista y tu director de operaciones es el operador, la única persona que tal vez falte en tu equipo de liderazgo es el emprendedor. Para pasar de los diez millones de dólares, necesitarás a alguien cuyo trabajo a jornada completa sea trazar estrategias acerca de cómo puede ganar más dinero la agencia.

La posición de la persona emprendedora que buscas puede recibir el título de director de fuentes de ingresos o cualquier otro título que refleje su responsabilidad principal: maximizar los ingresos.

La siguiente es una muestra de descripción de trabajo de un director de fuentes de ingresos:

DESCRIPCIÓN DE TRABAJO DEL DIRECTOR DE FUENTES DE INGRESOS

RESUMEN DEL TRABAJO: una persona muy motivada y dirigida a resultados para una agencia de *coaching* para pequeños negocios creciente, con la intención enfocada de duplicar los ingresos actuales. Nuestro director de fuentes de ingresos será responsable de maximizar la rentabilidad, aumentando los ingresos y reduciendo los costos en todas las áreas del negocio.

RESPONSABILIDADES:

- Estrategia: desarrollar e implementar estrategias que generan ingresos con el objetivo de duplicar nuestros ingresos generales.
- Gerencia: construir y desarrollar equipos de ventas y mercadotecnia de alto nivel.

- Medida: desarrollar e implementar maneras en tiempo real de medir nuestros esfuerzos de mercadotecnia y ventas usando nuestro CRM y otros *softwares* y servicios.
- Colaborar: unir a nuestros departamentos de mercadotecnia, ventas, equipo ejecutivo y atención al cliente para que actúen como un solo equipo eficaz.
- Satisfacción del cliente: trabajar con el CEO y el equipo de contenido para trazar estrategias y lanzar productos que estén en demanda, sean rentables y eficaces para nuestros clientes.
- Alcance de metas: ayudarnos a alcanzar nuestras metas y celebrar nuestros éxitos. Crear y mantener una cultura de victoria.

REQUISITOS:

- Experiencia: diez años o más de experiencia en un puesto de ventas, mercadotecnia o de generación de ingresos, preferiblemente en una agencia de *coaching*, consultoría o creación de contenido.
- Orientado a las metas: experiencia demostrada en crecimiento de ingresos y alcance de metas establecidas.
- Creatividad: demostrada en el desarrollo e implementación de nuevos productos en una oferta de productos.
- Optimización de ventas: experiencia en el desarrollo de ventas más eficientes y ayudar a los equipos de ventas y mercadotecnia a cerrar todas las brechas en la adquisición y conversión del cliente.

- Gerencia: habilidades de comunicación excelentes tanto internas como externas que eviten y desarmen el drama en el lugar de trabajo.
- Negociación: habilidad demostrada para negociar tratos fundamentales en nuestro nombre.
- Ventas: capacidad demostrada para vender a personas interesadas clave.

CONSTRUYE Y REFINA, Y VUELVE A REFINAR

Cuando haces todas las contrataciones que he bosquejado en este capítulo, has construido un negocio de *coaching* asombroso. Será un logro inmenso que requirió intención, enfoque, humildad y motivación.

Desde aquí, mantener tu agencia de *coaching* requerirá un ritual de refinamiento y después volver a refinar. Experimentarás cancelaciones de clientes y de miembros del equipo, y tendrás que refinar tu cultura y tu estrategia de negocio para minimizar esa cancelación. Enfrentarás la necesidad de tener contenido nuevo y fresco, mejores eventos, nuevas estrategias digitales, y un manejo en tiempo real de las alteraciones económicas y culturales.

Para liderar en medio de estas dinámicas querrás instalar un ritmo de revisión y refinamiento. Tu operador puede ayudarte con esto, pero esencialmente tendrás que hacer preguntas que te permitan fortalecer el negocio y mantenerlo fuerte. Algunas de esas preguntas son las siguientes:

- ¿Cómo podemos refinar y mejorar nuestras estrategias de generación de posibles clientes?
- ¿Cómo podemos mejorar nuestras estrategias de mercadotecnia tras la incorporación?
- ¿Cómo podemos aumentar nuestras métricas de conversión?

- ¿Cómo podemos mejorar nuestros grupos pequeños de *coaching*?
- ¿Cómo podemos mejorar nuestras ofertas adicionales de *coaching*?
- ¿Cómo podemos mejorar nuestros esfuerzos generales para desarrollar una comunidad de *coaching*?
- ¿Cómo podemos mejorar nuestra cultura interna?

El punto es este: tras haber creado un nivel de confiabilidad en tus operaciones, lo siguiente es una mejora interminable de esas operaciones.

Cuando estás en esta última etapa de revisión y refinamiento, te felicito otra vez. Puede que hayas desarrollado una agencia de *coaching* que vale la pena vender, lo cual te dará finalmente la libertad financiera que trabajaste tanto para obtener. Incluso si no vendes tu agencia de *coaching*, puedes ir a trabajar cada día sabiendo que sabes desarrollar un pequeño negocio exitoso al más alto nivel, reforzando así tu competencia (y tu reputación) como *coach* de pequeños negocios.

Si has leído este libro y estás lleno de esperanza, me alegro. Miles de personas como tú han desarrollado negocios de *coaching* exitosos, de modo que ciertamente es posible también para ti. Se dice que la industria del *coaching* ejecutivo global produce más de nueve mil millones de dólares en ingresos cada año, y continúa creciendo. El mundo necesita más *coaches*, y espero que tú te conviertas en uno de ellos.

CONCLUSIÓN: EL PUNTO ES LA TRANSFORMACIÓN

Si te preocupa no tener lo necesario para desarrollar un negocio de *coaching*, estás preocupado porque tus temores probablemente están arraigados en la realidad. ¿Cómo puedes tener lo necesario para desarrollar un negocio de *coaching* si nunca has desarrollado uno? De hecho, solamente después de haber desarrollado un negocio de *coaching* es como sabrás cómo se hace. Sin embargo, la verdad es que yo no sé actualmente cómo construir una estantería, pero podría averiguarlo, y entonces sabría construir una estantería e incluso podría enseñar a otra persona a hacerlo.

Si te sientes un poco inseguro en cuanto a hacer crecer un negocio de *coaching*, está bien. Todos nos sentimos inseguros hasta que nos volvemos competentes. Para ti, la competencia está a la vuelta de la esquina.

Si has tenido éxito en los negocios y crees que puedes ayudar a personas a que ellas mismas experimenten éxito, tienes un fundamento excelente sobre el cual construir un negocio de *coaching*. No solo eso, sino que el manual contenido en este libro es lo que necesitas para comenzar a aprovechar tu experiencia y convertirla en una carrera de *coaching* rentable. Lo único que tienes que hacer es pasar a la acción. Competencia y confianza solamente seguirán a la acción. No puedes hacer existir la competencia solamente soñando. Tienes que ponerte en movimiento. Y, si te mueves, te prometo que habrá transformación.

Una de las razones por las que las historias son tan satisfactorias se debe a la transformación que experimenta el héroe después de su viaje. En una historia, el héroe comienza como un protagonista un poco torpe, asustado y mal equipado, pero al final es ágil, intrépido y competente. Eso es lo que te sucederá a ti si sigues los pasos de este manual.

Este libro no te transformará, pero sí lo hará, sin duda alguna, poner en práctica los pasos.

Te prometo que el viaje te transformará.

Si sabes lo que quieres (desarrollar un negocio de *coaching*) y aceptas plenamente el desafío (poner en práctica el plan que incluye este libro), experimentarás la transformación que estás buscando. Serás un *coach* competente, un pilar en tu comunidad, un buen amigo para muchos, un sostén estupendo para ti mismo y tu familia y, lo más importante, un héroe en una historia emocionante.

La cuestión no es si tienes lo necesario para desarrollar un gran negocio de *coaching*; es si harás o no harás el trabajo para desarrollar un gran negocio de *coaching*.

Esta es la buena noticia: tú tienes el control completo del resultado.

Brindo por tu transformación.

***

Para ver muestras de páginas web, correos y recursos en redes sociales que han funcionado para hacer crecer diversos negocios de coaching o para unirte a nuestra comunidad de coaching, visita CoachBuilder.

com. Nos encantaría conocerte y ayudarte a comenzar, desarrollar o escalar tu negocio de coaching.

COACHBUILDER.COM

MI EQUIPO Y YO HEMOS DESARROLLADO UNA COMUNIDAD ESPECIAL EN COACHBUILDER.COM

Muchas personas que ya son *coaches,* o que quieren convertirse en uno, tienen experiencia valiosa, pero no están seguros de cómo aprovechar esa experiencia para convertirla en una carrera de *coaching* rentable. Tristemente, muchos *coaches* abandonan su sueño de dar servicios de *coaching* porque nunca se les ha dado el apoyo y las herramientas que necesitan.

Si has sido inspirado por este libro y quieres seguir el manual dentro de una comunidad que te mantendrá motivado, considera unirte a la comunidad *Coach Builder.*

Desarrollar una carrera profesional de *coaching* no es difícil. En *Coach Builder* hemos juntado grupos pequeños con líderes de grupos pequeños para ayudarte a implementar el manual y así asegurarte seguir adelante y tener éxito en tu carrera. Tenemos grupos pequeños para cada una de las tres fases implicadas en el desarrollo del negocio de *coaching* o de consultoría: construir, crecer y escalar.

La membresía en *Coach Builder* incluye:

- Un curso *on-demand* que te ayudará a desarrollar un negocio de *coaching* rentable.
- Acceso a un *coach* dedicado cuyo único objetivo es que superes las seis cifras en tu negocio de *coaching.*
- Grupos pequeños a los que puedes unirte para poder conectar con otros *coaches* y aprender de sus éxitos y fracasos.
- Transmisiones en vivo exclusivas que cubren una variedad de temas que te ayudarán a construir tu negocio de *coaching.*
- Un menú de productos que te permite hacer una lluvia de ideas sobre los productos que ofrecerás.
- Muestras de páginas web de *coaching* que puedes ver para inspirar la tuya propia.
- Muestras de generadores de posibles clientes que puedes utilizar o editar para desarrollar tu propio negocio de *coaching.*
- Acceso a un CRM automático que incluye correos ya precargados para que puedas comenzar a enviarlos a posibles clientes de inmediato.
- Acceso a un esquema de correo que te permite generar correos que cierran ventas de tus productos de *coaching.*
- Un esquema de páginas web que te permite dar forma a la tuya de *coaching* para asegurar que se convierta exitosamente en ventas de *coaching.*
- Acceso a certificaciones de coaching *on-demand* en un amplio abanico de temas para que puedas personalizar tu certificación y equiparte todavía más a ti mismo para obtener mejores resultados para tus clientes.
- Acceso a una cumbre anual de *Coach Builder* que te conectará con líderes de pensamiento de fama mundial.

- Un lugar en nuestro directorio de *coaching* en HireACoach.com.

Visita CoachBuilder.com y únete a la comunidad hoy. ¿Con cuánta más rapidez podrías desarrollar una carrera de *coaching* rentable si tuvieras un manual y amigos para ayudarte a poner en práctica el plan?

Elogios para la membresía de Coach Builder:

> "Cuando decidí dejar la comodidad y estabilidad de mi posición como director de una organización sin fines de lucro para lanzar mi negocio de *coaching*, estaba lleno de emoción por ayudar a líderes a aprender de mis errores y mis éxitos pasados. También estaba lleno de ansiedad por cuánto cobrar, cómo atraer clientes, y cómo ofrecer servicios de *coaching* que crearan los resultados deseados. La membresía en *Coach Builder* no solo eliminó todas esas ansiedades con las perspectivas y los productos, sino que también abrió toda una comunidad de *coaches* de los que obtener puntos de vista a medida que seguía desarrollando y refinando mi negocio. Si te sientes inseguro con tu mentalidad o con las herramientas tangibles para desarrollar un negocio de *coaching* exitoso, Coach Builder es el recurso para crear confianza que tanto se necesita para colocar tu negocio en la pista de salida y llevarlo a una altitud en la que pueda planear".
>
> **SETH WINTERHALTER,**
> *Coach* de negocios desde 2022

> "Antes de ser parte de la comunidad *Coach Builder* tenía la sensación de estar sola en una isla. Cuando empleas la

mayor parte del tiempo compartiendo tu experiencia con otros, es realmente importante rellenar tus reservas. ¡La comunidad *Coach Builder* es mi pozo! Me apoyo en esta comunidad para satisfacer mi deseo de aprendizaje continuo, "para afilar el hacha" como se suele decir. Además, es un grupo asombroso de trabajadores en redes, generosos que están listos para compartir su perspectiva, brindar apoyo, y animarte cuando necesitas un poco de inspiración. La comunidad *Coach Builder* se ha convertido en mi familia extendida, ¡y no querría vivir sin ella!".

SUSAN TRUMPLER
Coach de negocios desde 2013

"Si quienes somos *coaches* tenemos una sola cosa en común, es que estamos en el negocio de las relaciones. Y aunque hay varias razones por las que valoro ser parte de la comunidad *Coach Builder,* lo fundamental es que proporciona conexiones con un grupo de individuos que comparten mis aspiraciones, están familiarizados (y comparten maneras de lidiar) con los mismos retos y oportunidades con las que yo batallo. Ya sea un arsenal de herramientas, consejos prácticos y *coaching,* o lluvia de ideas para llegar a una solución con un colega, toda la comunidad tiene tendencia al apoyo, la ayuda, la innovación, y compartir cualquier cosa que ayudará a los *coaches* a servir a los clientes y hacer crecer un negocio vibrante".

ERIC FLETCHER
Coach de negocios desde 2017

RECONOCIMIENTOS

Mi gratitud de manera especial a mi equipo: Tyler Ginn, Kyle Reid, Dr. JJ Peterson, Chad Cannon, Marlee Joseph, Andy Harrison, Aaron Alfrey, Bobby Richards, Dagne Harris, Sam Buchholz, Aundrea De Leon, Kari Loncar, Amy Smith, Macy Robison, Hilary Smith, Kelley Kirker, Prentice Sims, Tyler Bridges, Hannah Hitchcox, Suzanne Kelly, Paige McQueen, Lucas Alley, Esty Pittman, James Sweeting, Kyle Reed, Zach Grusznski, Josh Landrum, Aaron Alba, James Mitchell y Jordan Tatro. Y una gratitud muy especial a Emily Pastina, que administra todos nuestros proyectos y me dice cada mañana en qué debería estar trabajando. Ella me libera para que pueda ser creativo, y estoy agradecido. Gracias también a los cientos de *coaches* certificados de *Business Made Simple* y a los guías certificados de *StoryBrand* que colaboran con nosotros para ayudar a dueños de pequeños negocios a hacer crecer sus empresas. Gracias también a nuestros facilitadores, que están constantemente en la carretera presentando talleres sobre nuestros marcos de ventas y de mercadotecnia.

Mi gratitud especial a Carey Murdock, que me ha mantenido increíblemente organizado a lo largo del año que me tomó escribir este libro.

También estoy agradecido por las largas relaciones de amistad y de negocios que he tenido con mi agente y editor. Wes Yoder es el mejor agente literario del mundo, y me ha ayudado a soñar este libro desde el primer día. Gracias a Don Jacobson, Matt Baugher y Mark Schoenwald.

Como siempre, estaría perdido sin mi esposa y carecería de propósito sin mi hija Emmeline, además de nuestra nueva adición: Gloria (la niñera de mi esposa se ha mudado con nosotros), con quienes puedo soñar con todas las cosas de los negocios y de la vida.

Por último, gracias a ti. Gracias por creer en ti mismo y en tu servicio de *coaching*. Creo realmente que los *coaches* crean ganadores, y sin ninguna duda necesitamos más historias de victorias. Con mucho cariño.

ACERCA DEL AUTOR

Donald Miller es el CEO de *StoryBrand* y *Business Made Simple*. Es el anfitrión del canal en YouTube de *Coach Builder* y el autor de varios libros, entre los que se incluyen los éxitos de ventas *Cómo construir una StoryBrand, Marketing Simple* y *Cómo hacer crecer tu negocio*. Vive en Nashville, Tennessee, con su esposa Elizabeth y su hija Emmeline.